新版

空手と気

気の根源　思考の深さ

宇城憲治

はじめに

空手道は剣道、柔道、合気道、弓道などとともに、日本が世界に誇れる文化として、今やその広がりは全世界に及んでいます。

しかし、そうした世界に普及した武道は競技スポーツとしての感が強くなり、とくにオリンピック競技にいち早く認められた柔道などは、その傾向を強くしています。

そのため大きな課題も出てきています。それは、競技の勝敗に目が向き過ぎたことから、本来の武道としての精神や心のあり方のみならず、術技においても変遷が生じてきていることです。

本来武道は、「心技体一致」の教えの如く、それぞれが持つ術技を通して内なる自己を高めることにその主眼があったと思います。その本質は、「剣禅一如」や「事理一致」などの教えに見られるように、まさに「武術」そのものが生きることと直結していたと言えます。

俳諧の巨匠、松尾芭蕉の理念のひとつに「不易流行」という言葉があります。「不易」とは変わることのない不変の真理であり、「流行」とは時代の流れの中で変わっていくもので、その「不易」が「流行」の中で応用かつ活かされてこそ不易の本質があるというものです。また、それは相対（流行）と絶対（不易）間のフィードバックが形成されることによって、より発展していく関係にあり、それはどんな時代にも活かすことができます。まさにこの「不易流行」を基本とした個の進歩成長こそが大事であり、またこのことは組織においても同じことが言えると思います。

空手の「不易」とは何か。その本質に迫るには、現在の「流行」としてのスポーツ武道を検証する必要があります。それは同時に、現在のスポーツ武道から武術へとさかのぼる中で、その差異を見つけることです。そのことによって空手の不易が見え、不易の武術から、「不易流行」としての現在の武道のあるべき姿が見えてくると考えています。この「不易流行としての武道」こそ真の継承と言えるのではないかと考えます。

とくに武術は生と死の戦いの場にその発祥があり、それだけに自己を守るため、生きるための最高の極意がそこには内包されています。それはごまかしや言い訳のできない世界であり、また時代という社会的背景なしには創造され得なかった歴史的財産であり、そこに不易の本質があります。

武術における不易の根源として第一義に考えられるのは、「気」の存在です。それは現在に再現した「気」によって、武術としての術技術理がいろいろな観点から解けるからです。武術の術技は、伝統の型と型の分解組手による検証によっても解くことができますが、武術の極意とも言える段階になるにはやはり「気」は絶対に必要です。この「気」には術技だけでは解けないことへの答えがあるのです。さらに「気」は極意の根源だけでなく、日常に強く活かすことができます。まさに、その日常の実践こそが不易流行の証しでもあります。

「気」は目に見えませんが、存在することは明確であり、それをいろいろな形で実証することができます。すなわち、気によって、できなかった技が一瞬にしてできるようになるなどの実証を通し、その力、エネルギーの根源が「気」であるという証明が客観的にできるのです。

「気」の最大の特徴は、時間・空間をコントロールできることです。具体的には、間を制す、相手に入る、相手を無力化する、自分の中心を消す（ゼロ化）、重力の利用、無意識下の時間のコントロール、場のコントロールなどですが、ひとことで言うと時間の中に入る、時間を超えるという感覚です。

そこにいたるには、まず自分に気が流れることが必要です。自分に気が流れ、集中力が高まり、思考のスピードが限りなく無限になった時、外に気を出すことができるようになります。しかしそれは頭で理解できるような次元ではありません。身体を構成する37兆個の細胞にその糸口があると思っています。頭脳は無意識の動作においては常に遅れて、しかも分割的にしかとらえることはできません。すなわち、身体で得た感覚を遅れて感じているということです。「意識 → 身体動作 → 無意識化 → *身体脳の開発」、この一連のプロセスを通して身体脳が開発されると、頭で覚え、頭で考える知識とは明らかに違う意識の無意識化が起こり、身体を通しての次元の高い脳が形成されます。

たとえば投げ技において「気」による技とそうでない技は、その次元がまったく違い、それは投げた相手にも変化が見られます。つまり、気によって投げた相手の腹や足、腕を第三者が踏みつけても、相手は痛さを感じずなんともありませんが、強引に投げた相手に同じことをすると悲鳴をあげ痛がります。これは明らかに投げた相手にも「気」が流れていることの証しとなります。

それゆえに、このような気による投げの稽古は、畳はもちろんのこと、板の間や屋外のアスファルトの上でさえも問題なくできます。それは気の通った稽古には怪我の恐れがないからで、それゆえに稽古にますます厳しさが出て相乗効果が得られます。畳の上のみで稽古をしていると、板の間やアスファルトと違って安心感があるため、気持ちのあり方や技に緩みが生じ、稽古が軽いものになる恐れがあります。常に緊張した真剣味のある稽古が望ましいと思います。

「気」とは何か。どうしたら身につけられるのか。これが今回の本題ですが、ひとことで言えば、それは「思考の深さ」と「時間」にあります。「思考の深さ」とは何か。

あえて言うならば、「同時性・多次元の動きを可能にする意識」とも言えます。一般に意識した動きは頭脳の命令としてひとつの事しかできませんが、無意識の動きは二つ以上の事を同時に行なうことを可能にします。その無意識に近い動作を意識して行なうレベル、すなわち二つ以上の事（多次元）を同時（同時性）に意識でき、かつ動かすことのできる状態を、持論ですが、「思考の深さ」と呼んでいます。

脳の命令による動きは、ベンジャミン・リベット（『マインド・タイム　脳と意識の時間』の著者）が述べている0・5秒後の意識の世界の働きであり、相手は容易にキャッチすることができます。しかし多次元の意識の動きは0・5秒以前の無意識の世界の働きで、そのアンテナがない相手にはキャッチされにくくなります。

このような同時性・多次元の動きを可能にする思考の深さの実現に、形骸化されていない伝統の型は非常によくできています。型稽古を通して内なる身体との会話を繰り返すことで、身体と脳に永遠のフィードバック回路が形成され、そこから「思考の深さ」が目覚め、「極める」世界への入り口が見えてくるからです。

頭脳は「量」であり、身体脳は「質」である。
部分体は「量」であり、統一体は「質」である。
知識は「量」であり、思考の深さは「質」である。

はじめに

思考の深さからくる集中力、すなわち、限りなくゼロに近い時間の思考が「気」である。
「気」とは術技ではなく、「思考の深さ」の働きによる集中力の結果と考えています。気は型の中の技を術にする根源でもあり、また無から有を成す根源とも言えます。まさに知識ではなく37兆個をもってなる身体を通して得られる思考であり、その「思考の深さ」への気づきだと思います。

進歩、成長とは変化することであり、
変化とは深さを知ることである。
深さを知るとは謙虚になることである。

本書は「気」の技術書ではなく、気の根源「思考の深さ」にいたる観点からまとめたものです。またこの「気」は、実践の場である日常において充分に活かされ、文武両道という次元に高めてこそ、さらにその真価が発揮できると思います。
具体的な実例はＤＶＤ『宇城空手　第３巻――武術の究極・気』の映像で見ていただければと思います。戦う術技でありながら、気の存在で相手を制し、かつ活かすことができる武術としての空手は、まさに世界平和に貢献できる日本の財産であり、また世界の財産でもあると思っています。

二〇〇七年五月吉日

宇城憲治

＊身体脳　身体運動の命令源および記憶を頭脳ではなく身体とし、身体の最大効率の動作を引き出す根源。著者創案の用語。

『新版　空手と気』発行にあたって

二〇〇七年の初版から12年の月日が経ちました。これまで多くの空手塾生や道塾生をはじめ、海外でも本書と英語版『Karate and Ki』を座右の書としてくれていると聞き、大変嬉しく思っています。今回第五刷りにあたり、第二部の語録・写真集に、新たなページを加え、現在の私のものの見方・考え方を書きました。

この12年間で最も変化したのは「気」の深さです。それは空手の攻防における術技のスピードや威力が年とともに増してきたこと、未知のことに対して試行錯誤せずに答えが先にわかるようになってきたこと、また「気」で可能となるいろいろな事象については、今の常識はもちろん、科学、医学、心理学などに照らし合わせても考えられないことであり、それらがすでに実証できていることです。

さらには昨年はアメリカ・オレゴン州の量子物理学の権威、アミット・ゴスワミ博士と対談し、博士に数々の気の実証を体験していただきましたが、いたく感嘆しておられました。また気の本質を求めたいと毎月十数冊の文献や書籍を読み続けていますが、すでにいろいろな事象を実証・実践している立場からすると、やはり実証されていない理論は理屈でしかないなと感じるし、答えはいまだ見つかりません。それほど「気」のエネルギーは素晴らしく、すでに存在している未知のエネルギーとしてこれからの時代を支えていく大きなパワーとなると思っています。

二〇一九年五月吉日

宇城憲治

新版　空手と気　気の根源　思考の深さ

――

もくじ

宇城流ものの見方・考え方　171

「真っ直ぐ」が肚をつくる
相手に入ったら嘘は言えません
怒りを忘れない
思考の深さは無から有を生み出す
外面ではなく、内面で固める
「妥協しない世界」をつくる
型で短所に気づき、癖を直し、気品、気位を出していく
文化の本質を知る
審判のあり方と心
自分を本当に信じることのできる方向へ向かうことが大切です
気が人に希望や勇気を与え、人を動かすのです
攻撃は最大の防御なり
色即是空の〝空〟を
自己改革がいちばん大切です
動く人間をつくる
変わる人を変えていかなくてはなりません
武術修行の究極は、戦争をしない心、させない覚悟です
答えを求めるのではなく、深さを求める方向へ

第一部　思考の深さと気

第一章　事実、真実、真理

伝統文化に学ぶ

科学と伝統文化

私はあらゆるものごとにおいて、できるだけ「事実、真実、真理」という三つの観点から見ることをひとつの習慣にしています。それは少しでも物事を深く、謙虚に、また客観的にとらえることによってその本質がより理解できるからです。

科学とは真理を追究するものであると教えられてきました。あらゆる個々の事象はランダムに見えても、その裏には何らかの一定の関係が働いています。それが法則性です。そのような法則性が多くの科学者によって発見されてきました。そしてそれらの法則はひとつの真理となり、また原点となって、未知の分野を拓く糸口に応用され、さらなる新しい発見へと広がりつつ、未知なる事象への究明につながっていきます。

このような科学の真理の追究に対し、一方で歴史に見る伝統文化にもひとつの真理を見ることができます。それは現在までの科学が否定してきた、目に見えない世界の心と身体の重要性です。そのひとつが武術の型です。達人と呼ばれた人によって生み出されたものが、誰をもその境地にいたらせる可能性を秘めた型となり、それが不変の真理として継承されてきているからです。

そのような伝統文化は現在、科学として定義されている次元を通り超すものであり、なんと言ってもその価値は、身体と心を通して学ぶところにあります。また身体と心を通す以外にその真理を見出すことができません。それは稽古、修行を通して身体と心の法則（真理）を刻み込むからこそ理解できるという、ひとつの悟りの次元にあります。またそれ以上に大事なことは、今の時代に必要な知恵とエネルギーが、伝統歴史を背景とした型に無限に内包されているということです。

有形と無形の文化

伝統文化には有形、無形の二つがあります。有形文化はその形を目で見ることができるもので、それは日本を代表する奈良の法隆寺や五重塔、姫路城であり、また備前焼、日本刀などです。これら有形文化の存在には、それを創り出したプロフェッショナル（職人）の知恵と、それを有形にした技と心があります。またそこにはそれらを創造した時代背景が必然的に大きく関わっています。すなわちそれらを創出させる、その時代にしかない、何か大きなエネルギーが働いたと思われます。そのエネルギーを私たちは有形としての形を通して、歴史を経過した今でも感じることができます。

こうした有形文化に対し、一方で形のない文化、すなわち無形文化というものがあります。室町時代を起源としている能や狂言、歌舞伎、また日本独特の伝統である茶道、華道、武道などに見られる「道」の世界がそれにあたります。しかし、昨今の武道のように、流行を追い過ぎたあまり、競技試合を中心としたスポーツ武道となってしまい、本来の技や術はもとより「道」の部分までが希薄になり、今や伝統文化と言えるか危ぶまれるほどに変遷しつつあるものもあります。

無形文化は形のない型を人が継承していくだけに、一度途切れるとそこで終わりという厳しい世界です。それだけに学ぶ者は心していくことが必要だと思っています。

目に見えない技

有形、無形を問わず、伝統文化の根底には目に見えない技が存在しています。目に見えない技とは、言葉や頭で理解できるようなものではありません。それは身体を通して学んだ者にしか理解し得ないものであり、口伝のような形で人を媒体として継承されているものです。

以前ＮＨＫ国際ラジオで対談させていただいた宮大工の巨匠、小川三夫氏から次のようなお話をお聞きしました。

「一メートル四方の板を鉋で平面に仕上げると、実際は平面のはずなのに中央あたりが窪んで見えるんですすよ。目で見て真っ平な平面に仕上げるためには、中央あたりを少し膨らませて削らないと駄目なんですよね。そこは図面がない世界なんですよね」

伝統技術にはこのように目に見えない技がいたるところにひそんでおり、これらの技が駆使された建物は、単なる図面上の建物とは違って生命を感じさせるのもうなずけるような気がします。

一メートル四方の板が平面に見えるという事実に対し、その真実は平面の中央が膨らむように削られていることにあります。小川氏の師匠・西岡常一氏の「図面を見るな、図面を読め」という口伝にその真実を見ることができます。

結果が有形として残る場合は、その存在を常に見ることができますが、その裏には、目に見えない真実が存在しており、そこに気づかなければ本物の価値は見えてこないと言えます。一方、空手などのような無形の型や技は、瞬間、瞬間の時間の中でしかとらえることができません。現在はビデオなどを通してその瞬間の形を見ることができますが、やはりその内面にあるものは見ることはできません。

真の技、目に見えない技は、継承者である師の心に接してはじめてその存在に気づくことができるのです。それが師の技、すなわち技の真理に近づく第一歩です。師の心に接し、身体と心で感じてこそ情報が入ってくる。師の中にある技（＝真理）を、目で見える技（＝事実）を通して感知することで学び取っていかなければなりません。ここに気づくことが大切です。

ものを見る目

私たちは何かを見る時、目で見ようとするのが一般的ですが、心で見るという見方があります。「目で見る」のは頭脳とつながっており、頭脳で判断、決断、処理されます。しかし心で見るのは、身体脳につながる見方であり、感知するという見方です。

茶道の裏千家宗匠　千玄室氏（千宗室　十五代家元）との対談の折、次のようなことをお聞きしました。

「お寺に行って、日本人は仏像だけを見る人が多いですね。ところが外国の人はあくまでも、仏像は日本人の信仰の対象のものだと思うんですね。そうすると自分たちが教会へ入っていくのと同じ気持ちを持たなきゃいかんということで、むしろ日本人よりも神聖な気持ちでお寺や神様を見に来ていますね。見てわからなくても、とにかく頭を下げていますしね、そこの雰囲気の中へ入ろうとする。これが非常に大事なことだと思うんですね。日本人は今、国際化、国際化と言っても外国のことばかりを見つめて、日本のことを見つめない国際化なんですよ。だからむしろ閉鎖社会だと思うんです。閉鎖社会の中で、ちょっとした知恵だけで物事を解決しようとする、これは小細工なんですね。こういう小細工は駄目ですね。やっぱり外国人のように、ものの雰囲気に入ろうというオープンなハート、そういうものを持たなければ、日本人の石頭はなかなか開けていかないんじゃないかなと思うんですね」

千宗匠は一九四六年にハワイ大学修学の経歴を持たれ、現在までに世界六十ヵ国を二百数十回歴訪されており、それだけに、その言葉は説得力のあるものでした。

このようにお寺や仏像を見るのでも、まさに目で見るのか、心で見るのかでは大きな違いがあることがわかります。

空手の型においても、目で見るのと心で見るのとではその内容は大きく変わってきます。仏像や空手の型の外見は目で見ることができます。しかしその内面は心で見なければ見えないものです。心で見ることにより、目で見えない部分が見えるようになり、その見えない部分が見えるようになってはじめて、外見上の型の意味もさらに理解できるからです。まさにその目に見えないところにこそ真の技が隠されており、術理もそこにあります。「型に魂を入れる」とは、そのことを指すと言えます。

日本の伝統文化にはそのような心と身体を結びつける多くの型が残されています。型から入って、心を見出す、そこに先人の真理が見えてくるというものです。

千宗匠は、次のようなこともおっしゃっていました。

「外国に行って、最近よく『どうして日本から来る人は、みんな日本のことを知らないんだ』と聞かれるんです。外国の人たちは、少なくとも自分たちの国の文化を誇りをもって説明できるんですよね。ところが日本人はそれができなくなっている。これはやはり戦後の民主主義の間違った考え方がひとつ。それから教育の根本的な問題、それから家庭の躾にあると思います。躾、マナー、エチケットというのは最低限、人間が心得ておかなければならない日常のひとつの〝行事〟であると思うんですよ。人様に迷惑をかけない、いやな思いをさせない、それが根本だと思うんです」

まさに今、この根本が失われていると感じます。平和につかり過ぎた今の日本は、すべてを頭で考え行動するようになり、結果、真の自信を失ってしまった気がします。日本には武道をはじめ世界に誇れる日本特有の伝統文化があります。国際人であるためにはまずそこを頭でなく身体を通して学ぶことが急務ではないかと思います。

見る前に「見る」

「先をとる」とは武術にとっては絶対とも言える真理ですが、それは武術以外でも同じだと言えます。それは「先」によって相手に対して先んじることができ、結果自分に余裕ができ、相手をよく見ることができるからです。この時の「見る」は、外面を見る目ではなく内面を感知する、察知するという「身体でとらえる」見方になります。

日常での「先をとる」は、目配り気配りにつながり、周囲に対して調和が生まれます。頭で考える目配り気配りと違って、自然体で心地よい雰囲気ができ、場が和みます。先をとる目配り気配りは無意識に近い、自然体の行動であり、頭での気配りは意識の世界での行動で自然体に欠けます。

武術にとっての「先をとる」は、剣豪・宮本武蔵の三つの先「先の先、対の先、後の先」の教えにあるように、時間を超えたところにある心身の働きにあると言えます。身体の働きは時間を超えることができませんが、心の働きは時間を超えることができます。すなわちそれは意識に先行する無意識の世界での働きということです。時間を超えた心の働きが身体と調和することにより、相手の時間を超え相手の中に入っていくことができるのです。

小野田寛郎氏（終戦後三十年間ルバング島でゲリラ戦を展開、日本に帰国後、半年でブラジルへ移住）とのＮＨＫの対談の折にお聞きした、毎日が生と死の実践であった小野田氏のお話は、まさに先をとることが「生」であり、先なければ「死」であるということを感じさせるものでした。

「直進してくる弾がぱぁーと光って見えたんで、腹を引っ込めてかわしたんですけどね。まあ五十メートルぐらいの距離があったから、だいたい弾が自分のところへ来るのに十分の一秒ぐらいかかっているはずですよね、秒速五百メートルぐらいの弾ですから。暗闇にいきなり闇討ちに日本刀でパッと水月を突かれる感じですね。だから『弾だ』って感じと、『刀』って感じとふたつ感じたんですけど、逃げられないから銃の重みを利用してぱっと腹を引いたんです。弾は銃台に当たって、自分の薬指に貫通したんですが、それがその時の傷なんですよ。そういうのを芸が身を助けるって言うけど、いわゆる中学時代に習った剣道が身についていたということだと思います」

先をとるとは、このように0・1秒の中に入っていくようなものです。身体にそのような動きをさせるには、いちいち頭で考えているようでは不可能で、時間を超える、すなわち「先」が身体脳に刻み込まれている状態、すなわち無意識に出る術技が身についていなければならないということだと思います。

そのような実践の場で小野田氏の身を助けたという当時の剣道修行はどのようなものであったのでしょうか。氏に聞いてみました。

「剣道の先生が『無意識にできてこそ技だ』と。相手の面がすいたから、そら、面を打つというのは、（技ではなく）手だと。手と技は違う。面がすいたと感じた時には自分の身体が無意識にもう打ち込んでいる、身体が無意識に動いている、それが技だと（技の真理）。だから、向こうから虫が飛んできた、それ、目に入るから目をつむらなきゃって、目をつむるかっての。ポッと無意識に目をつむる。それが技なんだと。

一九三三年頃、中学生は二段までしかとれないけど、『小野田君は身についているから三段だ』と。途中何年あいたって身についているから、また始めたらその上に積んでいけるんですね」

まさに、自転車に一度乗れるようになると、一生乗れるのと同じで、身につけばどの世界でもそのようになることの貴重な実践者（＝真実）のお話であり、教訓となりました。

さらに次のような興味ある話に発展していきました。

「先手を打たれると、後手になり、駄目なんですね。こちらが一瞬早ければ、もうそれで終わりなんです。射撃なんかそうですね。一瞬早ければ相手を先に押さえられる。逆に遅れると、もう後は撃ち返せないですね。瞬間他のとこへいっぺん外して、それから立て直さなきゃ駄目なんですね。だから本当に瞬間なんですね。自分の身を守るのは自分なんだというはっきりした意識があればいいんですけど、もう日本みたいにあんまり安全なところで育つとね、そういう意識はないでしょうね」

小野田寛郎氏や特攻隊を経験された千宗匠に、戦争という生死の境地はもちろんのこと、戦前の生き方、戦後の生き方に、とてつもない気迫とエネルギーを感じました。それはお二人が日本独自の伝統文化を根源に身につけていたからこそとも言えますが、同時に伝統文化にはそれだけの重みがあるということだと思います。今の日本人に必要なのはこのようなエネルギーです。そのためにも日本の伝統文化に学ぶことがもっとも良い方法であり、必要なことではないかと思います。

心に支えられる身体こそ真実

今の自分というのは、今までの自分の生き方が土台となっています。すなわち生き方のプロセスによって変わるということです。

私たち人間という形・身体には心というものが存在しています、不安な心は不安な眼になり、不安な形・身体になります。自信ある形・身体は心も自信に満ちてくるように、形は心に、心はまた形に支えられているとも言えます。

ところが最近の日本は平和過ぎてあらゆる事において頭脳優先になっています。頭脳は架空の世界でも生きられ嘘も言えますが、身体の世界は現実を直視するもので嘘がありません。百度のお湯に手を入れた瞬間、熱いと思う間もなく手を即座に引っ込めるように、身体は正直です。百度だから熱いと頭に言い聞かせて手を引っ込める人はいません。そんなことをしたら火傷という事実が残るだけです。このような事象はまさに自分の身体が勝手に教えてくれるもので、その結果、瞬時に行動ができているのです。

たとえば戦争に対する気持ちは戦争を経験した人とそうでない人とでは大きな差があります。戦争を体験した人は身体を通してその悲惨さが心に刻まれています。しかし体験をしていない人は頭での判断となります。心に刻まれたことと頭で考えたことには大きな違いがあります。体験を通して得た心に支えられる身体は真実であり、頭でのそれは仮想真実と言えるものです。歴史の中の事実の裏にある真実、そして不変の真理を仮想ではなく現実としてとらえるには、絶対世界の中で身体を鍛え、心を磨き、心身の一致を目指すことが必要であると思っています。そのような身体をつくる最高峰が伝統、文化、躾だと思います。

日本は、春、夏、秋、冬という四季に恵まれ、私たちはその四季の中で幼い時から無意識のうちに自然や生命を愛するという心と身体を培い、日常の中でそれを実践してきました。武道をはじめ茶道、華道、書道などの「道」の伝統文化は、まさに四季の環境と同じく自然体で安らぎの心と形を形成します。

ヴァイオリニスト・川畠成道さん

世界的ヴァイオリニストの川畠成道さんとの対談の折にお聞きしたことですが、川畠さんは小学校三年生の時、初めての海外旅行先（ロサンゼルス）で風邪薬の副作用のために生死をさ迷うほどの苦しみを味わい、目がほとんど見えなくなるという後遺症にみまわれました。

その後川畠さんは、お父さんがヴァイオリンの教師をやっておられたこともあって十歳でヴァイオリンを始め、音楽の名門・桐朋学園大学で学ばれ、同大学を卒業後、同研究科を経て、英国王立音学院を主席で卒業されました。英国王立音学院は一八二三年の創立ですが、川畠さんはこの王立音楽院で優秀な学生に与えられるスペシャルアーティストの称号を授与されました。王立音楽院の名誉会員には、音楽にとっては神様のような、たとえばメンデルスゾーン、リスト、シュトラウスなどが名を連ねており、そのような伝統ある学校で、川畠さんが史上二人目となる称号を授与されたのはたいへん名誉なことだと思います。

対談の際、川畠さんは一対一の形でモンティ作曲の「チャルダッシュ」を、一七七〇年作のヴァイオリン・ガダニーニで弾いてくださいました。最高の贅沢をさせていただいたわけですが、正直、なぜその小さなヴァイオリンからこのような音色が出るのかと想像を絶する思いでした。そこにいたるまでの過程は想像すらつきませんが、対談やご著書の『僕は、涙の出ない目で泣いた』（扶桑社文庫）を通して、その真実が見えてきました。その真実には多くの人が学ぶものがあると思いました。

そのプロセスを同書より抜粋します。

●貯蓄するように練習を積み重ねていくのです。……派手に聴かせるというよりも自分で自分の足下を一歩一歩作っていく、……（そうして）音楽というのは構築していくものなのだというところを徹底して教えていただきました。（66頁）

●コンクールについては、……毎日毎日コツコツ積み重ねてきたものが、客観的にどうなのか。それを見つめ直すいい機会なのです。……人と比べて勝った負けたといっても、勝つこともあるでしょうし負けることもあるでしょう。それよりも、自分は自分と比べて自分に勝っていければ、一番幸せかなと思います。（74頁）

●子供だから評価を甘くするということではなく、将来を見すえて一人の演奏家として生きていくうえで、音楽の道はそれだけ厳しいということを、年齢を問わず、今何が欠けているかということを教わったような気がします。（79頁）

●（自分にしかできない弾き方……）指使いに関しても、自分で作っていくこととはいえ、初めのうちはやはり教えていただく必要があるでしょう。ある程度は、ヴァイオリンを弾くうえでの約束事みたいなものもありますから、それを学んだうえで、その殻を破って自分のやり方を見つけていくということです。演奏者の解釈といっても、作曲者の意図を踏まえたうえですることだと思います。それは大前提なのです。

ただ、作曲者の意図するものが、そこに言葉で書かれているわけではありません。それは音符、あるいは表情記号などを通して、演奏者が解釈するわけです。作曲家がどういうことを言わんとしているかを考えながら演奏するわけです。（95頁）

●「ヴァイオリンを上手に弾ける人がヴァイオリニストで、音楽家というのはさらにそれに音楽的表現を加えて弾ける人で、芸術家というのはその音楽家に魂を込めて弾ける人だ」ということを言われたことがあります。その言葉が、大変印象に残っています。（105頁）

●プーレ先生から授かった、重要な言葉があります。それは「作曲家がその曲を作曲した時に、その時代の演奏がどういうものであったかを考える」ということです。（135頁）

●何度も何度も挫折をしているから強くなっていくわけですし、人にも優しくなれるのではないで

しょうか。そして、それが僕の音楽にも表れていくのではないかと思っています。（158頁）

●作曲者がクリエイター（創造者）であるならば、演奏者はリクリエイター（再現者）である必要があります。ですから、自分のオリジナリティを生かした表現をする、そこに自分の存在価値があると思います。（169頁）

●音楽は、ただ部屋の中でやっているだけでは成長しない、様々な体験が成長させるのだと、そう思うようになりました。（240頁）

弱冠33歳のヴァイオリニスト、川畠成道さんの歩んできた「道」にはまさに学ぶべき〝基本の本質〟が凝縮されており、その生きた言葉は、まさに身体を通して発せられたメッセージであり、それはまた、学ぶプロセスの教則本とも言うべきものです。私は縁のある多くの人たちにこの話を積極的にしております。

川畠さんはとくに武道を経験されているわけではないのですが、川畠さんのヴァイオリンを弾く

写真1. ヴァイオリンを弾く姿勢で相手を倒す

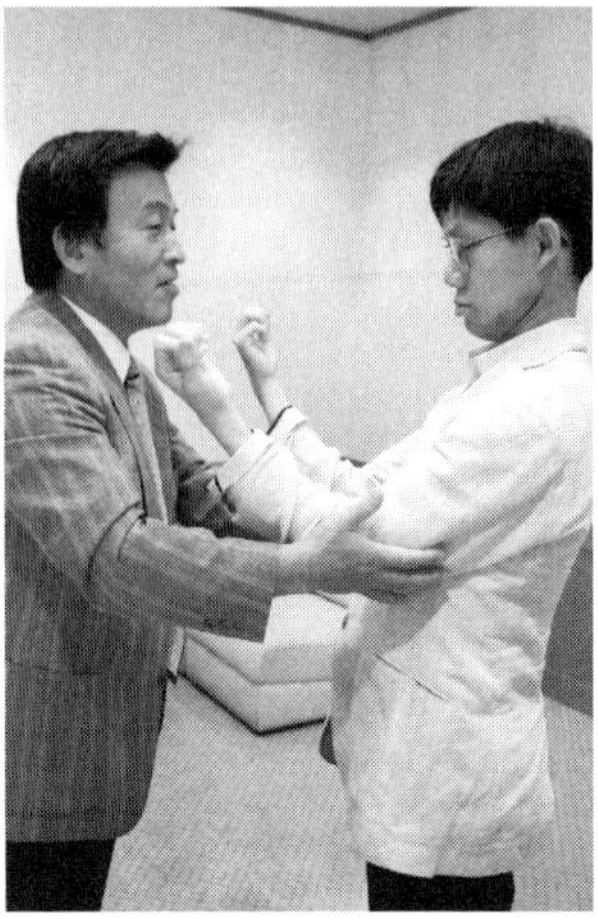

会見で、川畠氏にサンチンの型の説明をする宇城師範（2005年６月30日）

時の姿勢、構えには、武道の技に通じるものがあります。写真1はそれを再現したものです。川畠さんの姿勢、とくに腕、手の使い方はまさに空手のサンチンの型の応用そのものです。

写真のようにヴァイオリンを弾く姿勢のままで相手を簡単に倒すことができます。この姿勢はすでに相手をゼロ化し、かつ相手に貫通する力が働いており、ひとつの技になっています。もちろん弓を持った右手も左手と同じくヴァイオリンの弦を貫通しているわけで、そのことが信じられないような音色を創り出しているのだと言えます。

何かを極めようとするプロセスから真実が生まれ、それが身体と心の一致という境地にいたらせたのではないかと思います。だからこそ川畠さん独自のヴァイオリン、音楽、芸術が創造されたのです。

演奏はもちろんのこと、川畠さんの人生、ものの見方、考え方、とらえ方、さらに生き方から多くの勇気とエネルギーをもらったような気がしました。

川畠さんは現在イギリスに在住され日本をはじめ世界で演奏活動を意欲的に行なわれていますが、ますますのご活躍をお祈りしています。

身体でとらえる

その道を極められたいろいろな分野の方とお会いする中で、皆さんに共通して感じることがあります。それは非常に「自然体である」ということです。そのような人との時間・空間を共にすると、不思議に大きな安らぎを感じると同時に自然と内からエネルギーが湧いてきます。そして心が洗われるような、すがすがしい透明な気持ちになります。また一方でそれぞれの方が生きてきた道の厳しさ、重さのようなものを感じます。そこには裏切らない身体と心の存在を感じることができます。だからこそ皆さんのそれぞれ桁はずれな生き方にもかかわらず、傍にいる者に安心感を与えていらっしゃるのではないかと思います。

最近の日本では、格差にますます拍車がかかる一方で、社会が不安定な状況に向かっているように思われます。なぜこのようなことになっているのでしょうか。第一に言えることは、あまりにもいろいろなことが頭脳優先になっているということです。頭脳優先の身体動作は単一的で、部分体となり、重心は浮き、身体の気は止まってしまいます。

一方、身体で考える、とらえる場合は居つきがなく統一体になっています。重心は沈み、身体には自然と気が流れます。これが現場主義、国民主体とする考え方で、活力の根源はここにあると思っています。戦争反対を唱える多くの人が戦争経験者であるという真実を見てもわかるように、身体で経験した人は真実をとらえていて嘘がありません。江戸幕府から明治政府への大きな時代変革を成し遂げた山岡鉄舟は、「無刀流」の悟りの境地にいたるほどの剣の達人でありながら、人を一人も斬ったことがない方ですが、山岡鉄舟のような人が国のリーダーになれば、何が真に国民の幸せにつながるかを自然に理解できるのではないかと思います。

型に学ぶ

型にはめる

私たちは何らかの形で自分の型というものを持っています。そこには躾や日常の生活、社会ルールの中で自然に身についていったものから、あえて意識的に型にはめ込んで身につけたようなものがあります。とくに伝統文化には型が多く見られ、なかでも空手の型はまさに意識的に身につけていくその典型的な例と言えます。

そうした型の世界での学び方は、狭義には型の繰り返し稽古ですが、広義には「守・破・離」という学び方となり、ここにこそ真の学びの世界があります。「守」は師の教えに従い徹底して型にはめ込む段階、「破」は守の完成後、そこに工夫を加えていく、最終ステップの「離」では、守の不変の型から自分独自の形、個を生み出すというものです。すなわち継承の不変の型（＝守）を基本とした上で、破の中で自分独自の形を創造していくというものです。言い換えれば、あえて型にはめ込むことによって、究極的には真の自由を得るというものです。そのようなことを可能にするものが、型と型を学ぶプロセスにあります。

学びのプロセスとしての「守・破・離」の特徴は、外見の、目に見える型から目に見えない内面への気づき、とくに心の気づきを必須としていることです。すなわち心が伴わなければ型からの形は得られないという教えです。

単なる身体動作、形だけでは型から形への移行はありません。身体と心の一致があってはじめて型から自分の形を身につけることが可能となり、心身の自由、真の自由が得られるのです。

型稽古による気づき

型稽古では鋳型の型を繰り返すわけですが、最初は外形としての型を真似て覚えていきます。そうした稽古を重ねていくうちに、ある時期から身体の内面との会話ができるようになり、それが外形の型に反映されていきます。この内面との会話こそが重要であり、そのことを通して師の教え、言葉の意味がわかってくるようになります。

また内面との会話ができるようになると、身体にフィードバック回路が構築されます。身体にフィードバック回路ができると型をやるたびに気づきがあり、今日より明日という希望が出てきます。これが継続の根源になります。そしてひとつの気づきは他へも連動します。たとえばサンチンでの発見はナイファンチン、パッサイなど、他のすべてに共通する発見となるので、すべての型が同次元でアップします。裏を返せばひとつの型での気づきを他の型でも検証できるので、それぞれ特徴をもって構成される型は相乗効果的な広がりとなります。すなわちサンチンの型では気づかないことを他の型で発見でき、それをサンチンに適用することで、飛躍的なサンチンの進歩になったりするわけです。このような気づきは日常にも活かされていきます。

また同じことを繰り返す中での気づきは、積み重ねにより、確実に上達していくので後戻りがなく、それが自然と自信につながっていきます。

さらにこの気づきの積み重ねは奥の深さと集中力を生みます。その集中力の度合いによって今まで見えていなかったものが見えるようになります。まさにそれは広がりながらも中心に向かう感覚、すなわち中心を濃くしていく感じです。この中心を持つこと、その中心の濃さが自分自身の自信につながっていくのです（図1）。型と型稽古の妙味はここにあるのではないかと思います。

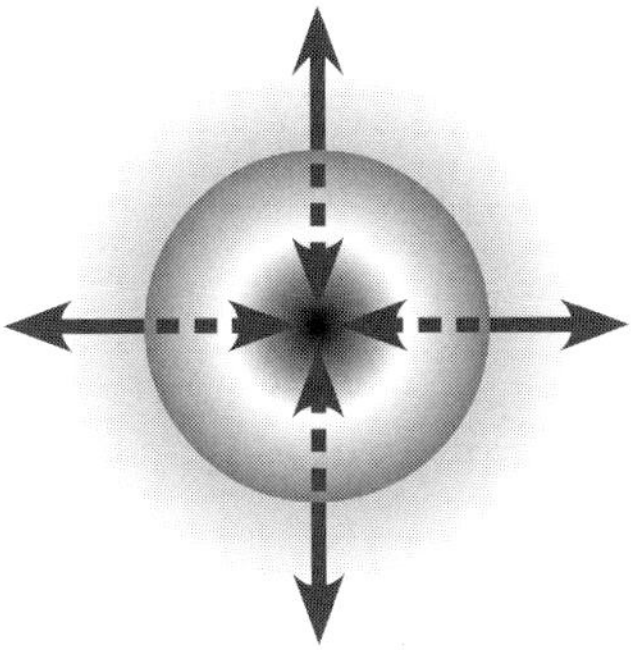

図1．型の繰り返し稽古は広がりながら
中心に向かって、中心を濃くしていく

しかし、気をつけなければならないのは、同じ繰り返しでも、見栄えや外見の正確さなどにポイントを置く競技試合の稽古では、内面の変化につながるフィードバック回路ができにくいということです。そのため何回も優勝しているような人のほうが、武術的に見ればかえってレベルの低い状態になっているということもあるのです。さらに気をつけなければならないことは、初心者は優勝者、もしくは優勝回数によってその人を本物だと単純に思い込んでしまうことがあることです。競技試合等でつくられたチャンピオンが本物と思われることによって、本来の武術が見失われ、歴史、伝統が崩れる要因となります。ここで、日本が世界に誇る文化である武道を、もう一度見直す必要があるのではないかと思います。

型稽古で逃げない身体、裏切らない心をつくる

武術に秘められているもうひとつの大事な点は、型、組手の技を通して、逃げない身体、裏切らない心をつくることにあります。そのような身体と心は日常の生き方にも大きく影響していきます。まさに文武両道の意味はここにあると思います。

逃げない身体とは、相手に「入る」ということです。しかしむやみに入っていけば相手と衝突します。相手と調和融合してこそ相手の中に入ることができ、相手を無力化することができます。ここに「戦わずして勝つ」という身体と、それに裏づけられた心が生まれてくるのです。

また、「相手に入る」は、試合の積み重ねだけで決してできるものではありません。型があるからこそできるものなのです。そうかといって型だけを学んで試合を経験していなければ、試合でしか得られない心の状態を経験することがなく、型を表面的にしかとらえることができません。いろいろな状況を踏まえた上で稽古のあり方が工夫されなければならないと思います。いずれにしろ自分にフィードバックがかかるような、そしてフィードバック回路ができるシステムが構築されているところで稽古することが重要だと思います。

このような生と死の場から生まれた武術の伝統の型は、私たちに自信を取り戻させてくれます。自信は忍耐、寛容、調和、そして勇気の源です。その中で逃げない、裏切らないという心を培うことができるのです。それは、すべての行動につながります。日々の武術、武道の稽古はそこに向かっていく、たいへん重みのある、また意義のあるものだと思います。

基本と応用

応用の根源は基本にあります。

基本がなければ応用が効かないひとつの例をあげます。

一個9円の品物を8個買いました。いくらでしょう。9円×8個＝72円と簡単にできます。これは、私たちが小学校の算数で習った九九算が基本にあるからです。

次に、一個17円の品物を18個買いました。いくらでしょう。17円×18個＝……？と迷います。しかしインドの人は306円と即答することができます。それは、19×19算を習っているからです。すなわち、19×19算までの基本ができているということです。現在、インドでは、99×99算もすでに始まっているそうです。

ところが、7,832,656×1,112,532という7桁の桁違いの掛け算はどうでしょうか。完全にお手上げです。しかしその暗算ができる国があります。……日本です。

その暗算を可能にしているのがそろばんの技術です。そろばんは最小単位の九九算を基本にしてそろばんという道具を使う（＝身体脳）ことにより、7桁の百万×百万算という、とてつもない掛け算ができるようになるわけです。すなわち、九九算という最小限の頭での暗算を土台にして、それを駆使するそろばんの技術があるからこそ、他に類を見ない7桁の暗算ができるということです。まさに九九算という頭での記憶と、それを基本としたそろばんという道具を使っての、すなわち身体を通しての記憶の良い例です。

ちなみに現在、そろばんの価値は東南アジアで注目され、日本の使い古しのそろばんが贈られているそうです。日本では逆にそろばんをやる人が減っており、結果そろばんの需要が減少し、そろばんをつくる職人さんも現在ではごく少数でかつ高齢となってきたため、後継ぎがほとんどいなくなっているのが現状ですが、たいへん残念に思います。いろいろな文化が消えるということは、それに連鎖した多くのものも同時に失われるということであり、ひいてはそのことは国力の低下につながっていきます。

型の醍醐味

武術の伝統の型などに見られるように、型稽古には異次元のパワーアップを身につけるためのメソッドが内在しています。

空手の基本中の基本と言われている伝統の型、サンチン（三戦）ひとつをとってみても、その深さは無限であり、やればやるほど、知れば知るほど、そこから得られるものには偉大なものがあります。それは呼吸であり姿勢であり瞬発力など、人にとって重要なことばかりです。

小学校の算数でまず習うのは、足し算、引き算で、それから掛け算、九九算と進み、中学では三角関数、因数分解、高校では微分、積分など、習う内容が高度になっていきます。しかし学習内容はそれぞれの段階に応じたものとなっています。

しかし、サンチンという不変かつ鋳型とも言える型には、算数の足し算、引き算、微分、積分など、すべてが最初から内包されています。したがって年齢、性別に関係なく、その人がそれをどう引き出し身につけるかで、小学生レベルから大学生レベル、達人レベルとそれは無限です。

また型の優れている点は、型を通して足し算、引き算がわかるようになると、自然と次の掛け算が見えてくるということです。そして次々にステップアップが起こり、ある段階に達すると、次元の高い独自の発見さえ可能になるということです。

これが型の醍醐味とも言えます。次元の高い技とは相手のゼロ化であったり、時間、空間という間のコントロールなどです。

いずれにしろ、型の素晴らしさは、型の繰り返し稽古を通して自分の中にフィードバック回路ができ、それによって無限のステップアップが始まることです。一方でそれは収束して、型の原点に近づいていくことでもあります。

広がりながら中心に向かう、その原点こそが、型の命であり、自分にとってすべてを解く根源となります。ここに型を稽古する希望と喜びがあります。単に繰り返すのではなく、進歩、成長するということです。「進歩、成長とは変化することであり、変化するとは深さを知ること」です。

まさに伝統の型はそれを教えてくれるものであり、すべてを解く、歴史、文化の重みだと思っています。

武術の本質

強い攻撃に調和してこそ

現状の空手に見る技は、突き、蹴りを主体とした相手との打ち合いがそのスタイルですが、同じ空手でも、スポーツ空手と武術空手では、その内容はまったく異なります。

たとえば空手の本命である「突き」に一撃必殺という言葉があります。一撃（一突き）で相手を倒すというのは、まさに言葉の通りなのですが、威力ある一撃はその本質が武術空手とスポーツ空手では異なるということです。

スポーツ空手の場合、一撃必殺の突きとは「相手に威力ある突きを打ち込む」という単に「当てる突き」であり、したがってそのためにはサンドバッグや巻藁を突いての鍛錬が必要となります。一方武術空手の場合は「相手に入る」が先で、相手に入ることによって相手を無力化します。矛盾しているようですが、「当てない突き」にその本質があります。したがってサンドバッグや巻藁は主体にはなりません。結果としてそれらで試すことはありますが、それ自体を稽古に取り入れることはありません。

「当てる突き」では衝突が生じ、「当てない突き」には衝突がありません。ここに調和というひとつの本質が見えてきます。

調和は、強い攻撃、強い衝突の中から生まれます。調和が先にありきではなく、強い攻撃に調和してこそ、すなわち時空の場である間を制してこそ、自分も相手も活かすことができるということです。

そのことに気づかせてくれるのが空手の型です。

自転車の有難さは、自転車に乗れてはじめてわかります。空手の型も、型にある技が使えてはじめて型の有難さがわかるのです。しかし有形の自転車と違って、型は無形であり、型そのものが真に使えるものであればいいのですが、沖縄から移入された時点でスポーツ化されてしまったような現在の型では、使える武術としては厳しいものがあります。

したがって型が使えるかどうかは、現在それを具現化している師がいるかどうかにかかっており、型＝師と考えても良いと思います。

掛け算の基本、九九算と一緒で、型は武術かつ武道の基本となるもので、基本は繰り返すことによってその本質が見える、本質がわかれば応用が効きます。そして最も重要な武術の本質である調和を日常の中で実践することが大切です。

具体的な技を習っても応用が効きません。あらゆることに変化し得る原点としての基本を学ぶことが大事であり、そのためには原点に返ることだと思います。

「素面木刀の稽古」に学ぶ

空手の自由組手は突きや蹴りを伴った自由攻防ですが、突き蹴りの威力が増すにつれ当然危険が伴います。本来の空手は、その危険の度合いが、「止める」（すなわち寸止め）が絶対条件となるくらいに厳しさのあるものでなければなりません。そのくらい危険度が増すと、恐怖により、自由組手において心身の自由さがなくなってきます。その恐怖の克服にこそ型から形への重要な意味があります。『山岡鉄舟・剣禅話』（徳間書店）に剣法を修行する者の条件として次のようなことが述べられています。

「中古には、剣術修業といえば、どの流派でもみな素面で木刀によって行なっていたのである。しかし、いまから百年ほど前になって、諸流派ははじめて面具や半首、小手、胴を使うようになった。そのようになった理由は、防具を使えば体を練り、業を励むことができ、相手を十分に打ちこめる利点があるということにほかならない。

素面で木刀による試合では事情が異なっており、でたらめに進んでゆけば自分の身体が傷つく恐れがあるばかりか、敵の刀勢や身体に触れようとすれば、どんな者にでも届いてしまうのである。進退の動作を鋭くし、弱い調子のなかにも強く打つところ、強いなかにも弱く出るということをよく理解しなければ、素面木刀の試合をおこなうことはむずかしいものになってくる。

中古、諸流の剣士のなかには、他流試合の場合に刃引きの真剣あるいは木刀を使う者が多く、たちどころに相手を打ち倒し、切り殺した例が数え切れないほどである。それは、自分を師として剣を学ぶものを傷つけることは、師である者のこのうえない恥であり、（ふだんの稽古では）そのような教え方をしなかったからである。

しかし、剣道においては、形にはまらないことを必要とし、自在の変化ということを学ぶのであるから、変化の次第によっては、絶対に太刀が当たらないといえるものではない。

だが、優者が劣者を助けるのは天の道というべきであり、そこにはまったく疑問の余地がないではないか。それなのにどうして、あのいま流行の面小手試合は、ただ勝負だけを争うのだ。優勝劣敗は当然のことであり、（面小手などを使わなくても）上達した者にはほとんど危険がないことくらいはっきりしたことではないか。

とはいっても、素面木刀の試合を行なう場合、これだけは修業者が心得ていなければならないという一つの問題がある。これを慎んで守らなければ危険なことになる。面小手の試合による数年間の修業経験者は、敵の気合というものを知っているわけである。血気の修業者が腕力の拍手だけで（素面木刀試合の）勝負を争うとき、面小手試合をしているようなでたらめな気分で敵に向かえば、たちまち負傷するのである。このことをよく考え、工夫して試合をすれば、負傷の心配はないといえる。

素面木刀の試合で相手を殺してしまったり、負傷させたりするような人間は、とうてい剣法の真理を修業する者ではないのである」

以上からわかるように、鉄舟は、危険防止の面小手試合はただ勝負を競うものであり、実践とはかけ離れているとしています。すなわち、面小手試合と素面木刀での稽古では、技、心のあり方がまったく異なるということです。

面小手試合と言っても山岡鉄舟の時代の試合は、今の剣道に見られる競技試合とは違い、かなり厳しいものであったことも容易に理解できますが、それでも素面木刀の稽古とは真剣の度合いが異なり、寸止めにいたるまでにはさらに相当な稽古と力量が問われたと言われています。

武術とは、相対の中にあっても自分を見失わない自分自身との闘いであり、相対（試合）を主体とする競技スポーツとは、この点が大きく違うと思います。また現在の武道は名称こそ武道でも、その内容はスポーツ武道と言ったほうが適切なような気がします。本来の武術稽古は日常の生き方に密接につながるものであり、文武両道という位置づけで稽古することが大事ではないかと思います。

自信に裏打ちされた自由

武術としての稽古は、武術としての技や心の強さを求めながら、それが日常の生き方の強さにつながるべきものであると思っています。ですから武術の実践の場（試合場）は日常での生き方にあると思います。

「稽古は武術で」、これは、師である座波師範に常に言われてきた言葉、教えですが、まさに稽古においてそのような意識で稽古する必要があると思っています。

空手においては、拳が刃物に相当するほどになるまでに鍛えなければ、いくら寸止めと言っても武術稽古にはなりません。竹刀を木刀に、木刀を真剣に変えていくのと同じレベルにならなければならないということです。

素手の拳を竹刀から木刀、木刀から真剣のレベルに変化させていくプロセスにおいて、それらに匹敵するような技、術、威力、気迫が拳に出てくるのです。

自由攻防の組手で相手を制する間合いをつくるには、物を持つより素手のほうが早いと言えます。相手の拳は届かない間にあるにもかかわらず、こちらの拳は相手に届くなどはその一例です。昔から空手の拳は物と違って伸びたり縮んだりするから怖いと言われているのもうなずけます。

このような武術稽古は厳しいもので、勇気が必要です。そして組手を伴った稽古は確実に自分を信じることができる「自信」をつくります。その自信はさらなる勇気につながります。そこにこそ束縛されない身体と心の自由が築き上げられていくのだと思います。今が良ければそれでいいという自由は、利己的なものです。歴史ある伝統文化を通して身につけた裏づけのある自信、自由こそ今を生きる活力となり、「今が良ければ」から「今を生きる」に変わっていくのではないかと思います。

信じられるものを持つと人は強くなり勇気が出ます。信じるものには人それぞれあると思いますが、私の場合は、空手の型とそれを導いてくれる師の存在です。つまり、座波空手で継承されている沖縄古伝空手の型「サンチン、ナイファンチン、パッサイ、クーサンクー、セイサン」であり、これらの型の奥の深さを教え、導いてくださった師の座波師範です。

感知の学び

今はなんでも「言葉で教えて言葉で学ぶ」傾向が強く、自転車の乗り方のように言葉で学ぶことは意味がないとわかっていても、「聞いて学ぶ」を土台にしてしまいます。「聞いて学ぶ」は、「知識を得る」ということでは意味がありますが、「身につける」という点では、それほど意味がありません。身につけるためには「感知の学び」が最高の方法だと言えます。

「聞いて学ぶ」世界と「感知して学ぶ」世界では、その情報伝達、情報取得において、質・深さが違います。本質を見抜くには、一触に見られるような、感知という、言葉とは比較にならない情報の導入による集中力が必要であり、そうした学び方への気づきが大事であると思います。

そのような学び・気づきの姿勢を教えているのが伝統文化です。なかでもその筆頭は武道です。生か死かの場において自分を守り生き残るために創造された術技や覚悟の精神というのは、とても言葉で伝えられるような世界ではなく、まさに感知しかあり得ない世界です。

本物の波動は人を動かす

世の中には、自分の実力や創造力からではなく、人の言動を聞いたり本を読んだりして、そこから得たいろいろなアイデアを寄せ集め、自分の考えのようにまとめて書いたような本が数多く見受けられます。書いた当の本人はそのことに気づかずにやっているのかもしれませんが、体感によって目に見えないものを心で学び、心で受け継ぐ観点に立てば、そのことがすぐわかります。裏を返せば、そのような世界は「心が汚れている」世界とも言えます。言葉で学んだものからは、本当の創造性は出てきません。創造の根源は心にあるからです。

本物こそ人を動かします。道元や吉田松陰の言葉は、人を動かす力を持っていました。それは、高い次元の行動を通して身体から出てきた言葉です。目には見えませんが、波動として伝わっていくので、その波動をキャッチした人も、また同じく波動を発し、動く人になっていきます、それはそこに自己の存在の発見と自覚が起こるからだと思います。

季刊『道』で対談させていただいた料理家の辰巳芳子先生、舞踊の石井みどり先生、特攻隊の浜園重義さんなどの言葉はまさに重みがあり、心に響き、生きていました。まさに波動です。

再現ができてこそ

武道の根源をなす武術は、ただ単に「古伝として伝わるもの」では意味はなく、その「術技と心が今において再現される」ことが大切です。それは、再現することによってその価値がわかるのはもちろんのこと、同時に「今何をしなければならないか」という方向性と行動が自分の内から自然に出てくるからです。さらにそれは時代に必要とされるもの、枝葉としてではなく幹として、活かすことができるところに歴史の重みがあると思います。

再現するということは、それが再現できている師に学び、師の真髄に触れるということでもあります。師を超すということはあり得ませんが、師の真髄に触れることで、師の技から自分に合った技を引き出せるようになった時、師の言葉や口伝がはじめて理解でき、継承の第一歩が始まります。

「すごい、すごい」とただ言っているだけでは、本当に師の凄さがわかっているのか疑わしく、まず自己のレベルを考えてみる必要があります。初心者レベルではわかりようがありませんし、何十年も稽古したという経過年数だけでわかるわけでもありません。少なくとも限られた時間内で、ある域に達するという修行年数でなければなりません。それが真の継承に値する最低の条件ではないかと思います。

人生の根底に「一生かかってもやりとげる」という何かを持つことは大事です。これはやった者にしかわかりません。自転車に乗れた喜びというのは、乗れた者にしかわからないのと同じです。

武道のあるべき方向

現在の武道に見られる大きな勘違いは、なんといっても競技試合にあります。競技の場、大会の規模が大きければ大きいほど、そこでの優勝者が最強だ、優秀だという勘違いをします。その大会での優勝者はたしかに優秀ではあっても、それが必ずしも武道、武術として優れているとは言えないのです。なぜなら、ルールの中での勝負にこだわるあまり、武道、武術の本質が失われているからです。

さらに組織の運営にも課題があります。組織は、大きくなるにしたがって、新しい人や優秀な人間をその中に埋没させ、表に出にくくさせる傾向があります。それは、組織の中に権力争いが横行し、多勢が無難な道を選ぼうとするからです。

かといって組織がないほうが良いかと言うと、そうではありません。むしろ重みのある伝統を再現かつ継承していく人をつくり上げていくような組織にする——これが、これからの課題ではないかと思います。そのためにも現在の競技試合に加えて、武道の根源・武術としての技と心を強化すべきではないかと思います。

私の所属している会では、武術空手を主体とする「他尊自信」「型は美しく、技は心で」「心豊かなれば技冴ゆる」の教えの通り、「組織は型と技そして心を絶対とする」という理念が貫かれ、武術空手を死守しています。あるべき組織の縮図でもあると思っています。

武道の原点

原点とは、時間の経過によって変わることのない真理であり、かつその道の本質を示すものです。また目指すべき道の方向を見失って誤らないために、元に戻って考えることのできる出発点とも言えます。

武道における原点はまず、歴史的な時代や風土を背景にした、生と死の場から創出された武術に根源がなければなりません。その武術を稽古するということは、創出した創始者（宗家）の生き方、考え方、心、人となりを学ぶことでもあります。

そして、継承されてきた武術としての術技を通し、創始者の求めたるところを求め、その本質を現在に活かすことが、武道における原点の意義だと思います。

同時にそれは、相対を超え、絶対の世界で身体を鍛え、心を磨き、かつ心身の一致を目指し、より強い自分を培うことでもあります。

現在、武道は形だけの傾向が強くなり、競技試合中心か、試合はなくとも、その本質がスポーツ化されてしまっています。その結果、武道の根源としての術技は表面上のものとなり、呼吸や気を伴った本来の武道の術技は言葉のみ残っているように感じられます。

原点を見失った時、原点の本質からずれた時、その道は必然的に自滅の方向に向かい、気づいた時は手遅れとなり、元に戻ることはできません。人から人に伝えられる無形文化としての武道は、まさにその最筆頭と言えます。

原点は不変の真理であり、それゆえ時代の変化・流れに活かすことができます。また活かしてこそ、その本質はより見えてくると思います。

山岡鉄舟が言う「述べてつくらず、古を好む」は、まさに武術の本質を見ていたからこそ発せられた言葉だと思います。

今、まさに武道の原点、武術に返って考えるべき時期にあるのではないでしょうか。

空手と気

素手を刃物に変える「気」

武道にはその根源としての「武術の技と心」がなにより大事です。それは生か死かの場から生き残るために創出された技と心に究極の「戦わずして勝つ」が説かれているからです。

日本の幕末当時、互いに刀を差している者同士が出会えば、その場の状況によっては刀を抜かざるを得ない時があったと思いますが、抜けばどちらかが必ず傷つき、あるいは殺されるわけですから、敵だからといって決して闇雲《やみくも》に刀を抜いたとは思えません。また常に達人が勝つとも限りません。そういう場での覚悟は平常で培われていたとしても、安易に刀を抜くというようなことはせず、その場を収めようとする意識が働いたと思います。それには、抜く前にお互いの間に暗黙の勝負がつくほどの目に見えない強い何かが働く必要があったと思います。

人間には火事場のバカ力など、普通では考えられないような力が出ます。それを平常で実感すると、その場が変わることを体感することができます。私はそのような力の存在を体感してもらうために、次のようなことをやっています。

たとえば先の鋭い刃物を持って瞬発的なスピードで思い切り相手を突いて（ギリギリで）止めてみ

ます。相手の服には刃物の切っ先による穴は開くものの皮膚に接した状態で止まっているというものです。一歩間違えると大変なことになりますが、これは「止める」という絶対的な自信がないとてもできるものではありません（たいていの寸止めは、手だけの突きであるため本当に突き刺してしまうか、相手の服に接するどころか途中で止めてしまうのがほとんどです）。

一方刃物で寸止め突きされた相手は瞬間固まり、一歩も動くことができなくなります。それは心がびびってしまって身体が居ついた状態になるからです。

私はこの寸止めを実践して見せて、「真剣」ということの意味を理屈抜きに理解してもらっています。それでも素面木刀の稽古にはほど遠いですが、その一歩になることははっきりしています。

「戦う前に勝負をつける」次元は、このようなレベルよりはるかに高いところにあるとは思いますが、少なくとも素手を真剣同然と思わせるような、目に見えず言葉にできない術技「気」の存在が武術には継承されており、そこに伝統文化の偉大なる存在と価値を見出すことができます。

以上の術技は、体感を通して身体に覚えさせて伝えていくしかありません。まさに「述べてつくらず、古を好む」の通り、高い次元の技と心を生み出す真理は時代を超え、現在に活かすことのできる歴史の財産だと思います。

①真剣

②木刀

③素手

写真2.

「気」によって木刀、素手を真剣に変える

刀を相手の顔近くに向けると、当てられた相手はぞっとして、身体が身動きできない状況になる。理屈抜きに身体、皮膚がその怖さを感じとって、身動きができない状態になるのである。

刀の代わりに木刀や素手を当てても、刀を当てられた時と同じ感覚にすることができる。それは木刀や素手に気を通すことによって可能となる。

相手は斬られないとわかっていても心が気を感じ、刀を突きつけられた時と同じ感触を受け、身動きができない状況になるのである。

また、刀は気を入れることで通常より切れるようになる。

気の流れを止める筋トレ

昨今の武道やスポーツは、筋力トレーニングによるパワーアップが主流になっています。私は一切筋力トレーニングをしたことがありませんが、それは筋力トレーニングというのはどんな方法を使ったとしても、身体の気の流れを止めてしまうと見ているからです。

私はよく、「ライオンは準備体操も筋力トレーニングもしないですね」「ライオンは肉ばかり食べているけど元気ですね」「ゾウは草ばかり食べているけど力持ちですね」「魚は年をとってもシワがよらないですね」という話を筋力トレーニング志向の強い人に話しますが、笑いと同時に瞬間にハッと何かを感じるようです。しかしそれでも筋力トレーニング以外のパワーアップ方法がわからず、結局、筋力トレーニングに頼らざるを得ないのが現実になっているようです。

昔から武道の世界には、「柔よく剛を制す」とか「小よく大を制す」など、武道が筋力トレーニング的なパワーによるものではないことを示唆する教えがあります。しかし今やその武道ですら、筋力トレーニングが大はやりで、従来の教えとは逆に「剛よく柔を制す」「大よく小を制す」になっているのは、非常に残念なことです。

先般放映された「探検！ホムンクルス─脳と体のミステリー」というテレビ番組は、私の持っている力をいろいろな形で実践し、その力を科学分析するというものでしたが、そのひとつに、身長、体重が私より20㎝、30㎏と上回り、かつ年齢も20歳以上若い、しかもボディビルのチャンピオンという人と立ったままで腕相撲をするというものがありました。

その際、某大学の研究室で用意された数々の測定器によって、まずお互いの筋力を測定したのですが、データはすべてボディビルの人のほうが優っていました。しかし、いざ立ち腕相撲になると、16回すべて私が勝ち、そのうち何回かはそのまま投げているような感じとなり、初対面の相手はその〝まさか〟に驚いていたようでした。

実はその時、我々二人がそれぞれどこの筋肉を使っているかを見るため、体のあちこちに筋力センサーを張りつけていました。その結果わかったことですが、相手は腕に集中していたのに対し、私は逆に腕はほとんど使わず、背中と腹に力が集中しているというデータが出ていました。足の裏にもセンサーをつけていたら、もっと面白い結果が出ただろうと思いましたが、まさにこの分析データは、部分を使っているか全体を使っているかの差を示していました。大学の教授はこのデータを見て、「相手は腕を使い、私は背中を使っていた」から私が勝ったのだと分析されていましたが、その本質の説明はありませんでした。筋力パワー的な考えでは、そこにいたる理論がないので、当然と言えば当然です。

私はこの実験から、指導理念としている①頭脳から身体脳へ　②部分体から統一体へ　③筋肉から細胞へのうち、②が検証されたのだと思っています。武道の技、極意などは、この統一体が基本にあるからこそ、自然体の力、動きが保たれているわけです。

そのほか体力で優っていると思われるラグビー選手、アメフト選手、柔道選手などにも、宇城流パワーアップの理論・実践を指導する時、よく腕相撲をやり、私が勝つことによって、現流の筋力トレーニングのあり方について身体で気づかせるヒントにしています。

形、呼吸、意識による方法は別次元のパワーアップ

それでは筋肉トレーニングとは異なるパワーアップ方法とはどういうものでしょうか。それは形（型）、呼吸、意識を根源とする方法です。これにより1分くらいの指導でビックリするようなレベルアップが図れます。〝不可〟が〝可〟になるくらいのレベルアップです。

この方法は筋力に頼るものではないので、体力や年齢に関係なく非常に有効です。またこの方法はパワーがアップするだけでなく、身体の柔軟さをはじめ、走る、投げる、捕る、泳ぐ、すべてに効果があります。さらには視力においても「見る力」から「観る力」へ、「握力」ではなく「握る力」など、それぞれ集中力がつき、視力や握力に変化が起こります。つまり、数値の高さではなく実際に使える視力、握力になるということです。

具体的には、単なる2・0という静の視力や動体視力ではなく、見えないものを観る力（動の視力）となり、握力にしても全体を押さえるパワーではなく、一点に集中した握りとなります。したがって軽く握って強いという握りができます。これは野球のバットやゴルフのクラブ、テニスのラケットなどを握る上では非常に有効です。また整体でツボを押さえる場合、従来の握力的な力では集中力に欠け、ツボの場所であってもツボにならないとも言えます。

このように、形（型）、呼吸、意識による方法は集中力を生み、別次元のパワーアップを養うので、自らの身体に希望が湧いてきます。

二章77頁の図3は形（型）、呼吸、意識を根源とする統一体と、昨今のトレーニングを根源とする部分体の比較を示したものですが、変化のところに見られるような、次元の差が出てきます。

思考の深さがすべての根源

「技」とは意識して覚える段階であり、その技が使えるレベルに達するには、とっさに出る無意識の技、すなわち「術」の段階にいたる必要があります。そのためには、「技」の段階において、ただ学ぶだけではなく「気づく」という悟りが必要になってきます。

この気づきは一方で思考の深さでもあります。その深さは、決して知識で得られるものではありません。ここに身体を伴った気づきの重要性があります。人間の活力にとって欠かせない根源の「気」――これもまた身体を伴った思考の深さから出てくるものと考えています。

たとえば、相対した時に直面する、調和か衝突かにおいて、衝突はその時点で居つきを起こし思考を停止させてしまいます。調和は思考を深くします。

それはいろいろなことに当てはまりますが、たとえば、相手を投げる場合、力で投げようとすると接触点で相手と力の衝突が起こり、結果、力のぶつかり合いとなり、その時点で思考が停止します。すなわち、身体の居つきと脳の居つきが起こるわけです。

逆に調和して相手に入ることができれば、接触点の衝突が消え、自分の力が貫通し相手を投げることができます。この時思考は持続したままになります。すなわち、自在な身体、自在な脳となります。

そしてスーッと投げられた身体のなんとも言えない心地良さは、そのまま脳に記憶されます。一方で、この記憶は感覚としてその人独自の表現として言葉にすることはできますが、その時点では客観的な技の説明にはいたりません。

しかし、すでにこのようなことは先人の多くが数限りなく経験してきた道で、その悟りは口伝、あるいは伝書として残されており、私たちはそれを見ることができます。その貴重な教えに自分の身体の悟りと思考を照らし合わせてみることで、今の自分のレベルを知ることができます。

それによって技の深さの度合いがわかり、その教えに謙虚にならざるを得ないことに気づきます。その謙虚さゆえに進歩、成長があると言えます。

目に見えないものを見る

〝身心〟先にありき

「自分は今まで何をしてきたのだろう」という自覚こそが変化であり成長です。そういう気づきは常に未来を拓きます。また心が開放されるので、内なる気が出てきて自分を明るく大きくしてくれます。そのような気づきを与えてくれる最高峰のひとつが、伝統の型と、それが使える師の存在であると言えます。

伝統の型には時代を超えて生きる、また活かせる無限のエネルギーが内包されています。だからこそ型の継承には意味があるのです。あとはひたすら迷うことなく、突き進んで学んでいく中で、変化する自分を通して時間・空間の中にさらに入っていくことができる「何か」を感じるのです。

そのようなチャンスに出会っても、なかなかそこに気づかない人がいます。それは気づいた者しかわからないのがまた現実です。だからこそますます本物を尊敬する気持ちとなり、一方で自分自身は謙虚になっていけるのです。謙虚になればなるほど、さらに見えないものが見えてきます。

武術の極意とも言える「相手に入る」とは、謙虚と自己犠牲の精神とも言えます。つまり、相手に入るという極意の技があるのではなく、謙虚と自己犠牲の精神によって心と身体が自由になり、相手の心も読むことができ、また相手を許すことができる。そのことが「相手に入る」という、武術に絶対必要不可欠な境地をつくっているのだと思います。

欲からの解放、すなわち欲を捨てることはむずかしいですが、犠牲的精神はまだ意識的に努力すれば実行しやすい面があります。

今、目の前に欲しいものがあると、欲しいという欲が出てくるのは当然だと思います。ここで重要なのは、欲しいという欲を捨てる努力をするのではなく、欲の根源に目を向けることです。そのことによって、良い欲はそれを活かし、悪い欲は捨て去ることができます。なぜそれができるのか、それは、意識的に犠牲的精神が駆使されるからです。すなわち心を明らかにするということです。

身体を支配するのは、脳ではなく心であり、心はまた身体に支配されます。心身一致とはまさにこのことを言っているのです。

時間経過には、成長を伴った経過と止まったままの経過があります。変化を伴った経過時間は、それによりすべてを変化させ成長させてくれます。一方止まったままの経過では時間が経過するだけで成長はありません。

頭で考えるというのは、心や身体をストップさせる危険性を持っています。頭で考えるよりはるかに多くの情報をキャッチし、かつ速いスピードを持った心身で感じ、心身で対応していくことが大事であり、それを整理していくのが頭脳であるということです。すなわち、いかなる時も、「〝身心〟先にありき」で頭脳はそれを追っかけているということです。

自己の中に〝身心〟優先のフィードバック回路をつくることが深さを知ることであり、深さは高さにもつながり、上に見れば山の高さであり、下に見れば海の深さです。その高さは、山が高くなればなるほど、裾野が勝手に広がっていくというものです。すなわち調和です。

また深さは心の安定です。深い海ほど表面は荒れていても、底は穏やかで、静かであるのと同じということです。

この、〝身心〟のフィードバック回路をつくるのに伝統の型は非常に有効です。しかし、型だけでは、実現しません。その型の魂を示してくれる師の存在が絶対必要であることは言うまでもありません。

上達――継続は力なり

目指す頂点がわかっている上で、ああでもない、こうでもないという試行錯誤は上達への絶対条件です。しかし頂点が見えていない試行錯誤に上達はありません。できていなくても頂点が見えていることが大切なのです。ここに師の存在の意味があります。師の存在を通してその頂上が見えるからこそ、そこでの迷いは、迷いではなく、頂点に近づく常套手段となります。また頂点に行くための道は、外から与えられても、実際登るのは自分であり、自分の中にあります。これがまさに絶対稽古です。一歩一歩頂上に近づくのが目に見えるからこそ続けられるのであり、まさに「継続は力なり」なのです。

また指導というのは、学ぶ者のレベルの高い低いが重要なのではなく、大事なのは個々の上達の変化率を高くするということです。初期状態のレベルの高さは、往々にして謙虚さの欠如につながり、武術を極める上でマイナス要因となります。謙虚な気持ちでひたすら努力していくことが大事であるということです。

間を制す

ここに武術の極意とも言える「間」を制す、「間」を変えるを取り上げます。今、自分と相手との距離が一定で相手からも自分からも手が届かないぎりぎりのところに位置します。その状態を保ったまままったく動かずに、相手の手は自分に届かずに、自分の手は相手に届くようにすることができます（写真3）。

写真３．普通の間（上）
相手から遠く、自らは近くの間（下）

この事実の裏にある真実、さらには真理はどこにあるのでしょうか。できることを示さなければいくら理論を述べても理論にならないということです。

このひとつの微々たる例をとっても、科学は世界の最先端をいくものとされるものの、武術のような世界には太刀打ちできないという矛盾をかかえています。すなわち遅れているということです。それは、武術には再現性、普遍性、客観性がある、すなわち、偶然、気まぐれにできたというようなものではないということです。武術は常に「できる」という事実から内なる心身との会話を通して、目に見える形、すなわち法則性を見出しているのです。そこに次元の高さ＝思考の深さが得られるのであり、それがまたさらなる思考の深さへとつながっていると考えています。武術の究極「気」などは、まさにその結果だと言えます。

気の重要性

相手と相対した時の攻撃において、単に繰り出される突きや、蹴りに対しては、簡単に変化し、かわすことができますが、気を出して攻撃されると、簡単には変化ができなくなります。気には段階はありますが、まず気が出ている攻撃で稽古しなければ、真の上達はむずかしいと言えます。気は目に見えず、目に見える動作以前の動きになりますから、スピードが速くなるわけです。気を発した攻撃には、まず気をもって対応しなければ、その時点で後手になり、やられてしまうことになります。武術稽古の最大の妙味はここにあると言えます。気と気の対応を通して、より高い気のレベルアップを図っていくことが大切です。

気に自分の身体を従わせれば、身体は自由に動きます。その度合いが武術のレベルであり、かつそのレベルは無限です。無限とは、一生上達に向かって稽古ができるということです。このような稽古ができるスタート地点に早く立つことが大事なのです。そこではじめて相対の衝突、打ち合いの世界から、相対の調和「相手に入る」世界が始まっていくわけです。

突き、蹴り、受けのコンビネーションという部分体による相対の衝突する稽古と異なり絶対の調和に向かう稽古は、身体の動きが統一体となって個々の働きを伴うので、ごまかし、偽りは決して効きません。このことは非常に大事なことです。気というのは、うまくできていて、小細工が効きませんし、小細工の気持ちがあれば、また気も出ません。正々堂々がもっとも気が出やすいのです。ただし、一般で言う、おおらかな正々堂々とは違います。生と死が存在する場（間）、すなわち最大に緊張するような場での、正々堂々という意味です。したがって心の部分が技以上に大事になってきます。まさに事理一致の稽古が必要ということです。

相手と結ぶ＝相手に入る

相手を自分に映してとらえると、相手との間が生きてきます。すなわち自分の気で相手を包み込むような感じになる。そのような間ができると相手の動きを目で見て反応するのではなく、気の変化によって自分が動かされるような感じになります。すなわち人間誰にも存在している意識に先行する無意識の働きです。この時、気を出しているのは、身体の中心、すなわち肚であり、また気の変化を感じるのも肚、手足を動かしているのも肚です。手足の動きが優先されると、肚は固まり、身体は居つき、もちろん、気は消えてしまいます。

極め

極めの基本は、肚、肩、肘、三つの連繫でつくられます。これはわかる人にはわかりますが、わからない人にはわからないという表現がぴったりくるというものです。

この部分はものすごく重要であり、かつ、すべての極意の出発点はここにあると言ってもよいほどです。またこの部分は、言葉で教えたとしてもわかることはありません。自分の身体と会話するしかないからです。またそれが正しいかどうかの検証には、型がもっとも適していると言えます。とくに、サンチンはその出発点の型として、また、深さの度合いを自分自身で確認するのにもっともよくできていると言えます。

極めができているか否かは、その人の型を見ればわかります。また、その人が上達の方向に向いているかどうかも、その人の質問の内容によってわかります。頭で質問をするあいだは、永遠に上達はありません。少なくとも上達の第一歩は心で会話し心で質問することが大切だと思います。すなわち、心で会話することが、師の心の中に入っていくパスポートであり、そして師の言葉を頭でなく、心で受け止めることができるようになることが大切だと思います。自分の頭で考えたものは、所詮自己レベルのものでしかなく、実践の場では自由は効きません。心は相手との関係でできるものであり、まずは心を開くことが大事です。ですから、武道の稽古は身体の動きを通して、心を開く稽古であるとも言えるのです。また心が開かれるからこそ、身体も自由になると言っても過言ではありません。

時代を超えて武道を活かす

時代背景や環境によって、生と死が存在する場というのは変わります。現在の日本のように平和なところでは、そのような場は存在のしようがありません。しかし、そうした平和で安全な場でも、殺人が多く起きています。これは生と死の場以前の低い次元と言えます。すなわち対等の場が存在していないのです。だから殺人という破壊の場になっていくのです。

生と死の場の存在というのは、生き残るための次元の高い創造の場とも言えるのです。すなわち、対等の場の存在です。対等の場では、相手に対する尊敬もあり、自分に対する謙虚さもあります。

武道が時代を超えて、生きる、活かせる根源はここにあります。その意味で、武道は人間にとっての真理であり、伝統の型はそのための真実として存在するのです。現代における武道の意義は、この歴史的財産とも言える伝統の型によって事理一致を身につけ、自己を高め、実社会に活かすということです。現在戦争が起こっている国においても、武道が戦争に活かされるのではなく、その心が活かされ戦争の根源を見抜く力となるからこそ、非暴力の平和の尊さを知ることにつながるのです。

戦いを知らない人間の言葉は、単なる評論でしかありません。戦いを知っているからこそ平和の尊さがわかり、非暴力の平和を望む心、行動が起きるのです。

戦後生まれの私たちは戦争を経験していませんが、日本でもわずか60年前には、そのさなかにあったわけです。それを体験者に語ってもらい、間接的とはいえ体験者の目に見えない訴えを感じ、かつ想像とはいえその場を疑似体験することは大切なことです。そこからはじめて、真の意味での平和への心、行動が生まれてくると言えます。

武道はまさに、個が生と死の場に臨む形で稽古するからこそ、平和な時代においても必要とされ、活かされるものとなります。武道が、ただ平和の世に安全に行なわれるものであれば、その本質、原点は見失われ、武道ではなくなるということです。少なくとも生と死の場のような緊張のある場を想定して稽古することが大事であると思います。

第二章　宇城流根本原理・気

武術に見る高度な術技を身につける方法　―思考の深さ―

昔の武術の術技の指導法は、先生と弟子の一対一、あるいは弟子をとっても数名が限度というものでしたが、高度な術技を学ぶにはまさに納得できる方法であったと言えます。

現在の武道は一般的なスポーツと同じような「多勢への号令式指導」となってきており、これでは伝統的に継承されているような高度な術技を身につけるなど当然不可能に近いと言えます。

「自転車に乗る」という身体脳が開発されると、別に意識しなくてもずっと自転車に乗ることができますが、武術の術技の指導においても、こうした身体脳に働きかける指導方法でなくてはなりません。その方法が「気」を使った指導方法であり、これにより従来の指導方法の矛盾を解決することができました。

それが「宇城流根本原理」です。その根源にあるのが「思考の深さ」というものです。「思考の深さ」とは、「身体動作と心」を三次元（空間、立体）でとらえた上で、さらに時間を融合した四次元で考えるというものです。

三次元での思考空間とは、本を読んで想像を働かす、あるいはテレビよりラジオを聴いて想像を働かす、あるいはそろばんによって億単位の暗算（足し算）ができるなどの思考の広がりが、それに近いのではないかと思います。しかしこれはあくまでも想像して、の世界です。

具体的な三次元の立体空間、すなわち理想的な身体動作は日常の中に多く見ることができます。たとえば箸を使ってご飯を食べる動作がそうです。しかしこれが洋食などナイフとフォークで食べる場

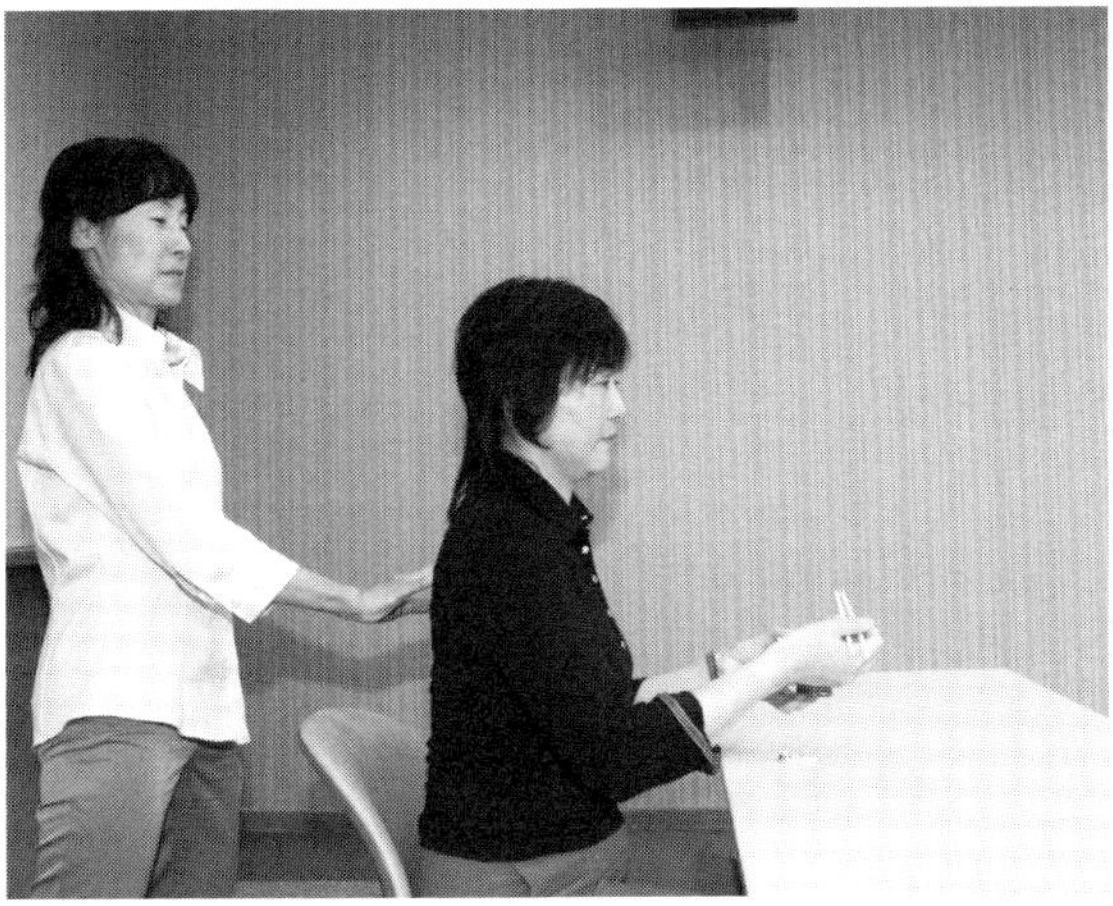

和　食
（箸を持った姿勢は後ろから押されても姿勢が崩れない）

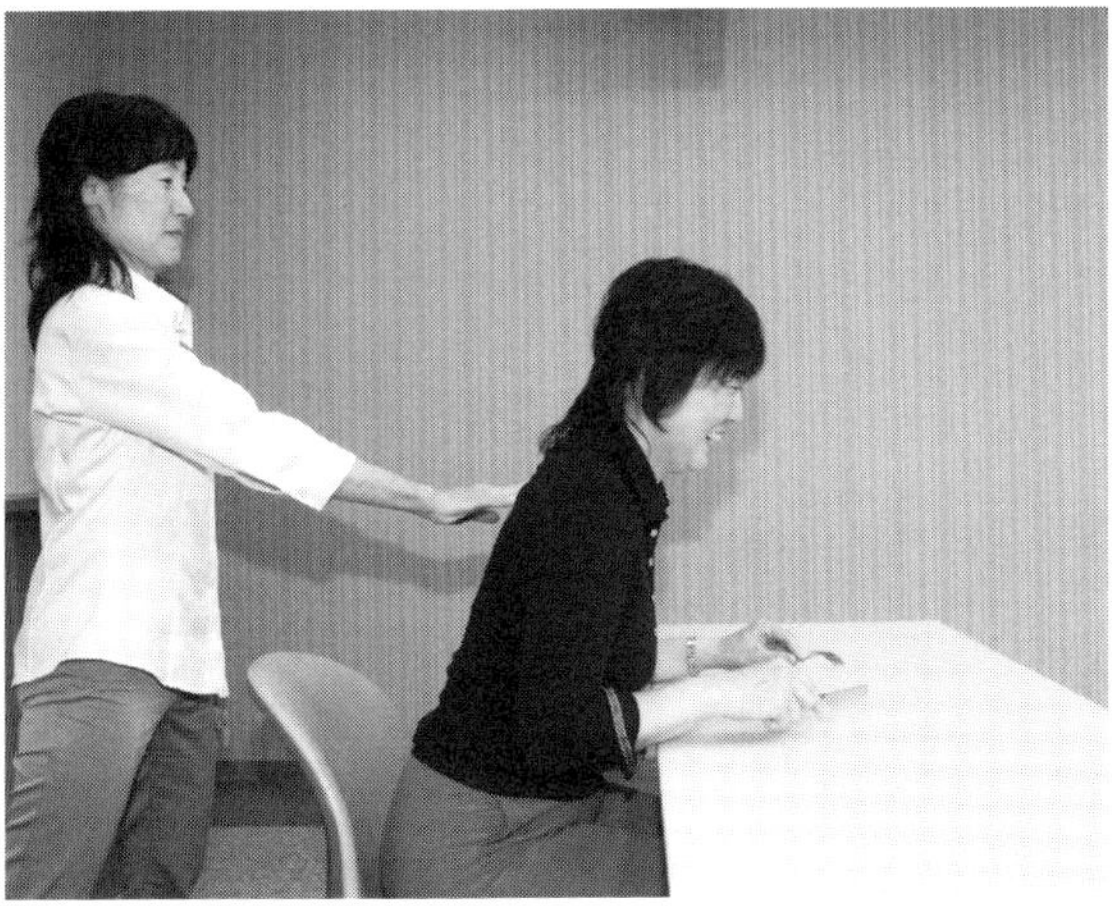

洋　食
（ナイフとフォークでは姿勢が崩れる）

写真４．箸、ナイフとフォークによる
身体に気が流れているか否かの検証

合は、日本人にとっては自然体とはなりません。したがってこの時は身体の呼吸が止まってしまいます。この違いは写真4のような簡単な方法で検証することができます。和食で箸を持っている人を後ろから押しても姿勢が崩れませんが（写真 上）、洋食でナイフ・フォークの場合は姿勢が崩れます（写真 下）。すなわち、身体に気が流れているか否かの差です。

逆に外国の方が箸を使う場合はこの逆が起こります。箸やナイフ・フォークの慣れ不慣れではなく、その第一の理由は骨格の違いです。現在、スポーツなどで日本人とは骨格の違う西洋方式を取り入れて、一時的に成果をあげるなどしていますが、これは非常に不自然なので、これをずっと続けるには無理があります。また、無理があるということは、ケガにつながるということであり、同時に日本人が本来持っている力が出せないということです。

日本人が本来の力を発揮できるすべてのヒントは武道をはじめとする日本の伝統文化や日常の躾などに秘められているのです。時代の流れで本質的な研究がされず、インスタント的効果を求めるスポーツ型トレーニングが主流になり、伝統文化に見られる日本人に合った、かつレベルの高い内容のものが形骸化しているのは非常に残念なことであり、また大変な問題だと思っています。

文化は一度滅びると二度と再現できません。有形のものは形が残るものの、無形は形がないのでなおさらです。

「思考の深さ」はあらゆる動作が同時に四次元でとらえられる世界です。すなわち三次元の自由な動きを無意識の世界、すなわちベンジャミン・リベットが述べている0・5秒以前のところでとらえるということです。

これが調和融合の根源であると思います。

その思考の集中力が「気」です。「気」には方向性がなく、空間の中の広がりで、かつ時間を瞬時（時間的な早さを通り超したもの）にコントロールできるというものです。

これがベンジャミン・リベットの実験検証で示されている無意識の世界、すなわち0・5秒以前の中に入ることができるということだと考えています。したがって相手の無意識の部分をコントロールできるので、こちらの働きかけ「思考の深さ（集中）＝気」によって同時に多数の人を一度に無力化したり、相手にこちらの気を与え強い力を出させたりすることが実際にできているのだと思っています。

武術の場合、生と死をかけるところにその四次元の深さが出てくるのだと思います。

一朝一夕でない年月の重みある歴史に位置づけられた時代の産物を通して、その根源とするところの本質を理解し、すなわち身につけ、それを現在にプラスして活かすことに大きな意義があると思っています。生と死の次元を身につけた身体で考え、行動することは、頭で考え、知識で行動するのとは次元が異なるのです。

今認識されているもっとも短い時間は「プランク時間」といって、10^{-43}秒（0・0000……秒）の世界と言われていますが、すでにその世界は生と死の中から生まれた武術にあったと言っても過言ではありません。

宇城流根本原理（その1）―形・呼吸・意識で変わる（実践）―

宇城流根本原理とは、一人ひとりの違いを超えた誰もが共通なところでの指導です。したがって誰かができて、誰かができないということはありません。しかも、その変化は歴然としているのが特徴です。まず、根本原理（その1）は、形、呼吸、意識の三つをそれぞれ根源にし、独自の型を創り上げたものです。これらの実践により身体に歴然とした変化が出てきます。実践すればわかりますが、その変化は相当急激な変化となります。しかも瞬時にそうなります。なぜそのような急激な変化が、しかも瞬時に起こるかというのは、従来の理論では説明はつきません。なぜならそれは、図2に示すような統一体、身体脳、細胞という従来にはない新しい考えをベースとしているからです。

図に示したように、形、呼吸、意識のそれぞれの実践を行なうことにより、身体が従来の①「部分体から統一体へ」、②「頭脳から身体脳へ」、そして③「筋肉から細胞へ」というように、本質的な変化が起こるからです。さらに「気」というものを使えば、さらに一気にそれ以上の変化にいたることができます。しかし、気を出せるようになるまでは、相当な修行を必要としますので、まずは老若男女を問わず、かつ一人ひとりの違いを超えて誰にでも体験してもらえる、「形、呼吸、意識の実践」という方法で行なっています。このプロセスにより、「できなかった自分」から「できる自分」へ変化し、目に見えないものの存在を体感していきます。またその体感は、身体から脳にインプットされていきます。

最初に自転車に乗る時、一回こけたら、それで終わりということにはなりません。何回もこけ、次の日にも練習する、そしてその次の日にも練習して自然に乗れるようになった。それは最初に何度も「こ

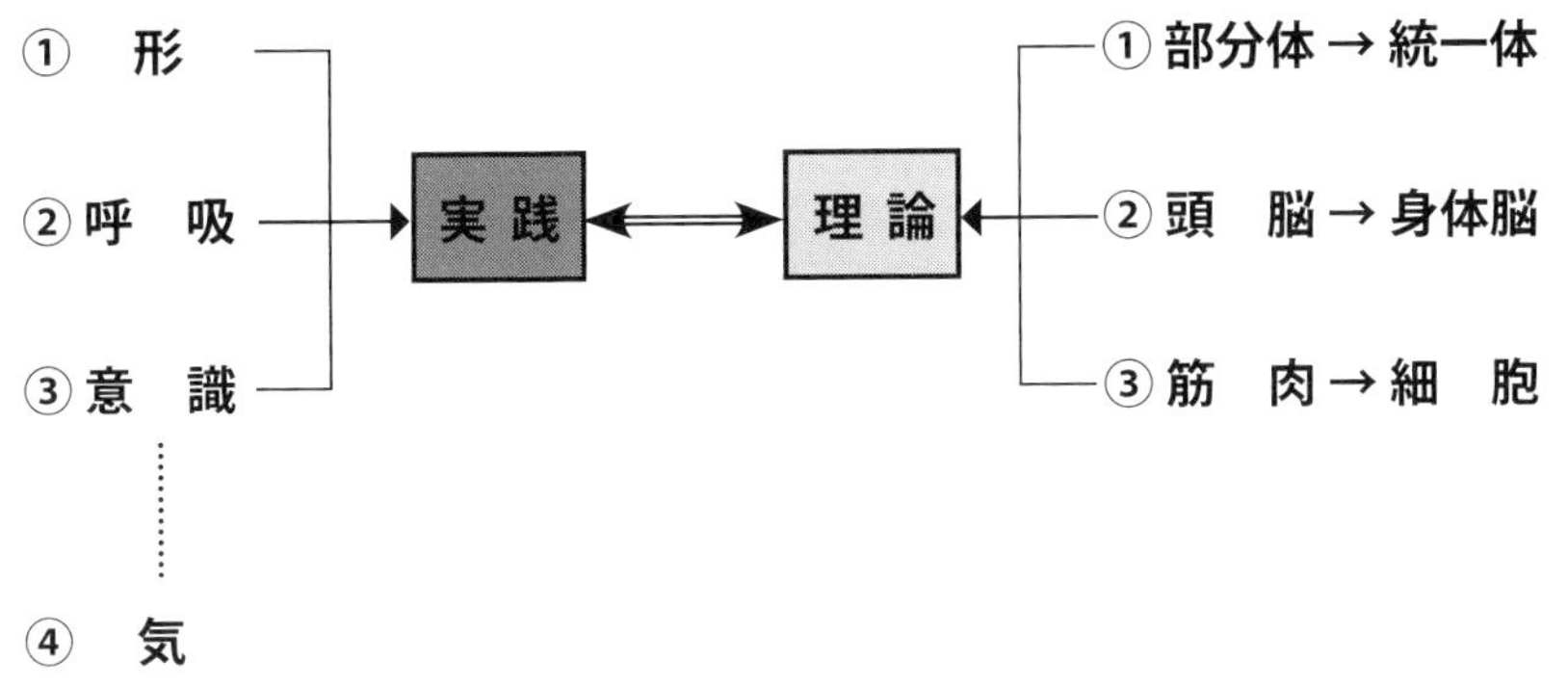

図２．変化への実践、理論プロセス

ける」という体験によって人間の37兆個の細胞の中に、「乗れる方向への因子」が記憶されたということです。その記憶があるからこそ、二日目にはさらに「乗れる」方向に近づくことができるわけです。そして一度乗れるようになると、そこで身体を通しての記憶・身体脳が開発され、それは一度形成されると逆戻りすることなく一生乗れることができます。

自転車の場合は、頭で考えたり本を読んで乗れるようにはなりませんし、手、足という部分体でも乗ることができません。ましてや筋肉パワーをつけたところで無意味です。大事なことは、乗れるようになった時にはじめて自分が統一体になっていることがわかるということ、これがまさに宇城流根本原理そのものです。

形、呼吸、意識を根源として創られた形《かた》とプロセスは、一部ですが拙著『武術を活かす』（どう出版刊　電子版）等にも出ていますので、参考にしてください。

宇城流根本原理（その1）（その2）―統一体と部分体―

宇城流根本原理（その1）で述べた「形、呼吸、意識」の実践をさらに拡大体系化したものが、宇城流根本原理（その2）で、その概要を示したものが図3です。方法（1）の上段の流れが統一体という宇城流根本原理をベースとした変化であり、下段の流れは、現在の一般的なトレーニング方法による変化です。

まず方法（1）の上段の流れ、形、呼吸、意識を通して、それぞれの方法による統一体をつくります。統一体となると、細胞が働きます。そこでいちばん大事なのは、身体の呼吸が止まっていないということです。統一体の、細胞による方法の最大の特徴は、身体の呼吸が止まらないことにあります。ところが部分体の場合は、トレーニングの主体が筋力となるので、身体の呼吸が止まってしまいます。ほとんどの人は、身体の呼吸が止まっているにもかかわらず、そのことを意識することはありません。それは、そういう考え、認識がないからです。統一体になることではじめて、部分体がいかに身体の呼吸を止めるかがわかってきます。

統一体となり、細胞を主体とした動きとなることで、集中力が生まれ、身体で考えることができるようになります。ここからいわゆる身体に気が流れはじめます。頭で考え頭で命令を出す部分体という従来のトレーニング方法と比較すると、別次元の差、変化が出るのです。すなわち、相対した相手に対して、部分体では単なるタイミングの世界となりますが、統一体の場合は「相手に入る」となります。また「みる」についても、「観の目」と「見の目」という差、速さにおいては「瞬発」と「スピード」、

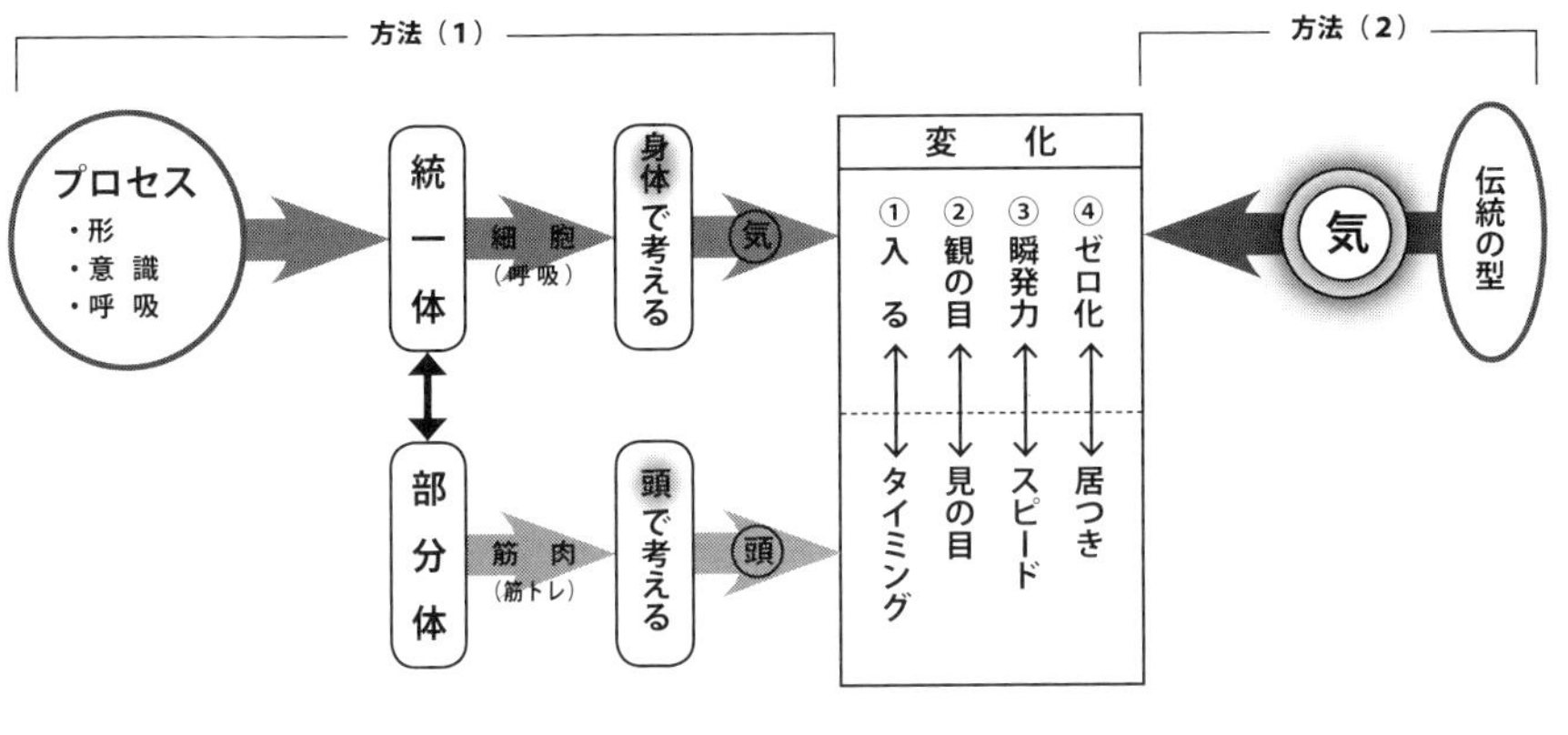

図3．統一体と部分体に見る変化

動きについては、「ゼロ化」と「居つき」の違いに見るような差が出ます。「ゼロ化」というのは、私の創造語ですが、自分のゼロ化は、心身ともに自在になるということであり、相手のゼロ化は無力化するということです。

以上が方法（１）によるプロセスです。

方法（２）は「気」を使ったもので、方法（１）のようなプロセスを踏まなくても瞬時に変化①～④が起こります。それは、「気」がベンジャミン・リベットが述べているところの、人の行動の認識ができる０・５秒以前の無意識の世界に働きかけているので可能となると考えています。この「気」は多数の人に同時に通すことができ、ほとんどの人が瞬時に図に見るような変化を体験することができます。ここが従来の稽古法とはまったく異なるもので、稽古方法の革命とも言えます。

宇城流根本原理（その3）—気とエネルギー—

進歩、成長の根源は思考の深さにあると考えています。とくに「気」は、基本的に「思考の深さ」からくる集中力にあると考えています。すなわち、思考の深さの集中力の度合いが、気となるということです。

その深さにより、以下に示すような四つのことが可能となると考えます。

（気の1）強い重力を創り出し、時間を超える感覚の速さ、早さでとらえることが可。
（気の2）強い重力を創り出し、時空を同時にコントロールすることが可。
（気の3）調和融合を創り出し、相手のゼロ化（無力化）と自分のゼロ化（自在）が可。
（気の4）調和融合を創り出し、相手の中に入っていくことが可。

ここで言う「思考の深さ」とは、頭脳とはまったく別次元のものです。頭では同時に二つ以上のことはできません。それは次のようなことを実際にやってみればわかります。

長崎の平和の像のように、右手を上に左手は前に出す形をつくり、それぞれの手を二人の人に別々に握ってもらいます（写真5）。そして上に立てた右手は前に倒し、左手は自分のほうへ引くという別々の二つ以上の動作を同時にやってみます。おそらく同時に動かそうとしても、右手か左手かどちらかに必ず意識がいき、右手に意識がいくと、左手が遊ぶ、左手に意識がいくと右手が遊ぶといったこと

写真5．思考の深さ（同時性・多次元の動き）

になると思います。また右手あるいは左手のどちらかに意識がいった時は、正面や後ろに対して隙ができてしまうなどの状況になると思います。また、その時、眼は意識のあるところに向いていることもわかります。

しかしここで、「思考の深さ」による方法は、右手、左手の動作を起こす以前に、右手と左手の異なる動きを同時に身体でとらえることができます。すなわち、両手を同時に動かす準備、すなわち多次元の同時性が先にできるわけです。それがすなわち、「思考の深さ」です。その準備が先にできれば、あとは実際にそのまま両手を動かすと、自分の手をつかんだ二人を意識することなく簡単に所定の動きができます。

もうひとつのわかりやすい例を述べます。仰向けに寝て両手をそれぞれ一人ずつに持ってもらい、さらに一方の足を三人目の人に抑えてもらいます。すなわち、両手・足と三箇所を仰向けに寝た状態で抑えられるわけです。それをいくら頭で動かそうとしてもまったく動けないことは、やってみればわかります。しかし、そこで「思考の深さ」ができると、手足を同時に動かすことができ、かつ三人を瞬時に倒すことができます。また倒された三人は、抑えられて立ち上がることができなくなります。さらに、寝たままの本人はもちろん、倒された三人の腹に人が乗っても、なんら痛みを感じない状態となります。さらに倒された人の足を別の人が握ると、握った人がまた投げられ、そのようにして次から次へと続いていきます。そして投げられたすべての人は立つことができず、しかし腹や足に乗られても痛くないという、まさにこれも「気」の技の特徴です（写真6）。

しかし、力でやって倒した場合（実際は力では倒れることはあり得ませんが）や、倒される側が自分から倒れていったような場合は、三人の身体に気が通っておらず、腹に乗ることは危険でありできません。以上のことからも、気が通ることで、目に見えない力が出ていることがわかると思います。

その気を起こす根源は思考の深さからくる集中力にあります。思考の深さとは、すべての動きを瞬時にとらえるというもので、また行動を起こす前にすべてを掌握できるという、とにかく時間の早さが最大の特徴とも言えます。

「磁石」は磁力で鉄を引きつける。
「地球」は重力ですべてを引きつける。
「人間」は魅力で人を引きつける。

写真6．気による連鎖投げ

身体に気を通してもらうと両手を抑えられていても簡単に二人を倒すことができ、さらに、倒された二人の手足をつかんだ者も同じように簡単に倒していくことができる。

身体に気が通るということは、力でやる場合とは別次元のものであり、それは一人にとどまらず連鎖していく。ここに気のエネルギーの凄さがある。

思考の深さと気

これまで述べたように思考の深さからくる気によって同時性・多次元の動作が可能となります。その思考の深さによる結果の記憶先が「身体脳」です。

身体脳の記憶は知識としての頭脳記憶ではないので、それを説明する適切な言葉は見つかりませんが、ここが非常に大事なところです。すなわちスポーツのような身体動作を伴う指導において、言葉で教えることがいかに矛盾しているかということです。言葉で教えて、教えられるほうが「わかった」というのは、その言葉が「わかった」という意味であり、その内容を理解したということではないのです。

スポーツ選手などで一流になった人がいますが、それはどちらかと言うと指導による結果ではなく、自分の良さに気づき、そのことによって自分がやる気を出し、自分を自分で解析、工夫した結果なのです。下手なコーチや指導者ほど、言葉で教えたがり、可能性のある人もそれでつぶれていく場合が多々あるのも事実です。また逆に、自分の気づきで一流になったと考える人も、そのレベルは優勝とか記録とかメディアの宣伝効果によってつくられたもので、実は真の一流のレベルにいたっていないことが多く、まだまだ可能性があるということです。実際プロ・アマの第一線で活躍する選手たちを指導してきた実例からそのように感じています。

また一方で、そのことは武術などに継承されている術技及び心法を見れば明白です。桁が違うのです。生か死かの場から創出されている武術では、術技はもちろんのこと、それ以上に心法（心のあり方）が重要になってきます。それゆえに武術の極意とも言われる術技は心の上に成り立っていることがわかります。まさに事理一致、剣禅一如などの訓はそれを教えています。

競技の技と切り離されて行なわれているスポーツのメンタルトレーニングなどは、まさに話にならない世界であると言えます。

稽古法の革命

最近の指導では「気」を積極的に活用していますが、それには次のような方法でやっています。

たとえば、「相手を投げる」という稽古においては、一般的には、「投げるという形・技」を教え、自分が実際にそれをやってみせ、その後みんなにやってもらうという方法をとりますが、なかなかその通りにはいきません。また、いつできるようになるかもわかりません。そこで新しい稽古方法として、「気」を使う方法を取り入れています。それは、投げる側にこちらから気を通すことで、投げる側に変化が起こり「投げ」ができるようになるというものです。人数は何人に対してでもＯＫで、実際に空手実践塾ではいくつかのグループに分かれた複数の人に気を通しますが、ほとんど全員が一斉に投げができるようになります。すなわち、気を通して行なうことによって、「投げられる時の自分」と、現レベルの「投げられない自分」の二つの存在が自覚できるわけです。

従来の方法ですと、「投げられない自分」しか存在せず、「投げる」という状況は、言葉で聞くか、先生の投げを見るか、さらに先生に直に投げられるかで情報を得、その情報をもとに自分が投げられるように試行錯誤するということになるわけです。

しかし気を通す方法では、「気」の力によって、投げができていないレベルの人に、投げを体験させることができます。それはたとえば、自転車に乗れていない人に気を通すことによって、瞬時に自転車に乗れるようにし、「乗れる」感触を擬似体験させるというようなものです。自転車に乗るには、教科書は意味を持たず、言葉はあくまでも参考程度にしかならないことは明白です。むしろ何回もこけて、身体と脳へのフィードバック回路がつくられることで乗れるようになるわけですが、「気」による方法によれば、乗れた時の感覚を先に疑似体験できるので、身体の中にその感覚が残ります。したがってその感覚に向かって内なるフィードバックがより早くなるということです。

もうひとつは、「乗れた」という擬似体験が、その人に希望を与えます。それは同時にやる気にもつながり、この点は非常に重要だと思っています。このようなことを、武道の極意の集積でもある型に内在する技を一つひとつ分解組手を通して稽古検証することで、身につけていくわけです。

日本が世界に誇れる武道文化、すなわち武術の究極「戦わずして勝つ」「衝突から調和融合へ」という高い次元を気の力を使って擬似体験できれば、稽古内容が相対から絶対に向かい、そこに自主性が芽生え、内なる強いエネルギーが出てきます。このようなことはジャンルを問わず、一人ひとりの違いを超えた本質のところでの心技体の一致の気づきにつながります。伝統の型や口伝、伝書はただ継承するだけでは意味がなく、再現することが重要で、「気」を使った稽古、実践はこのようなことに非常に有効で意義があると思っています。

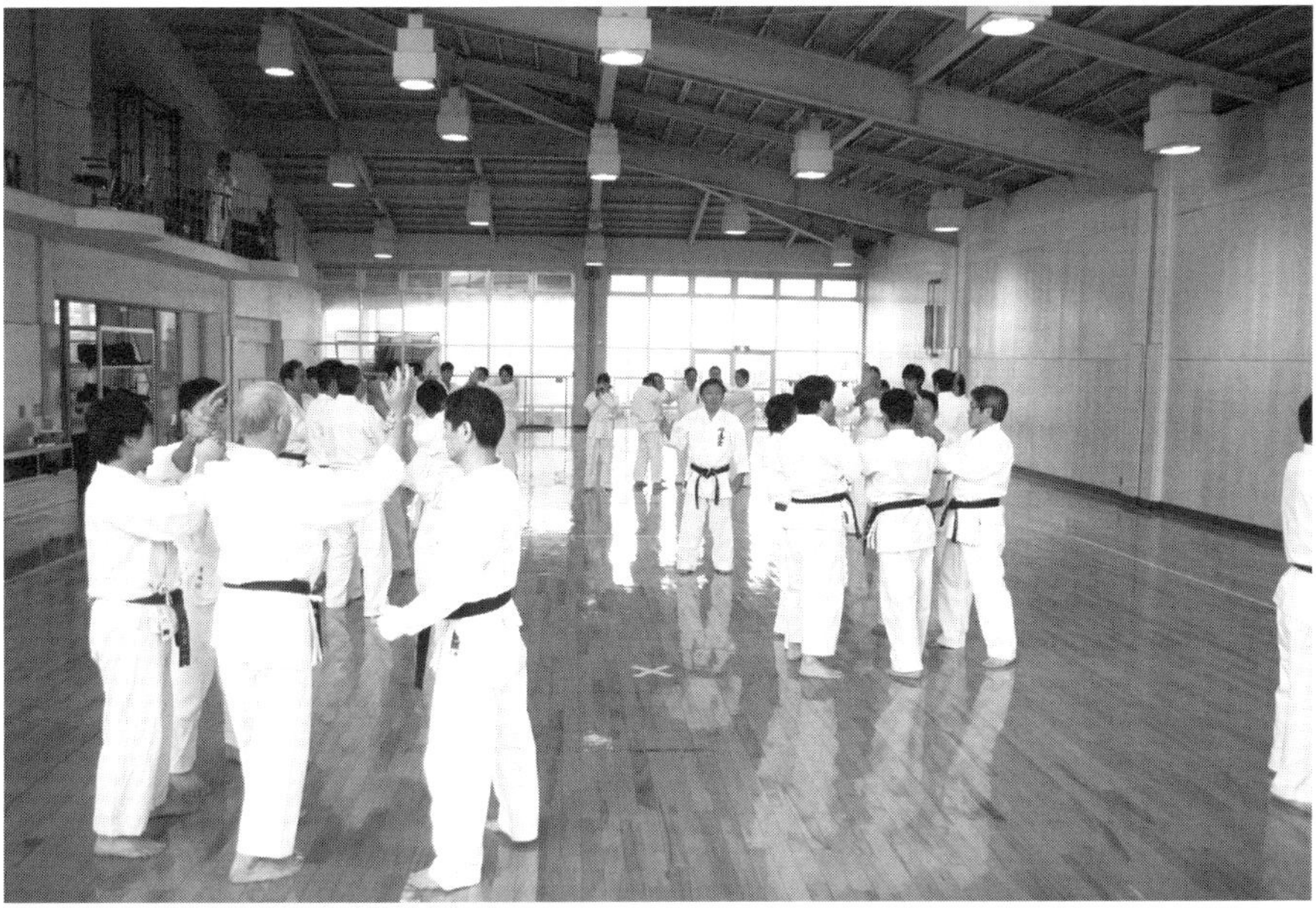

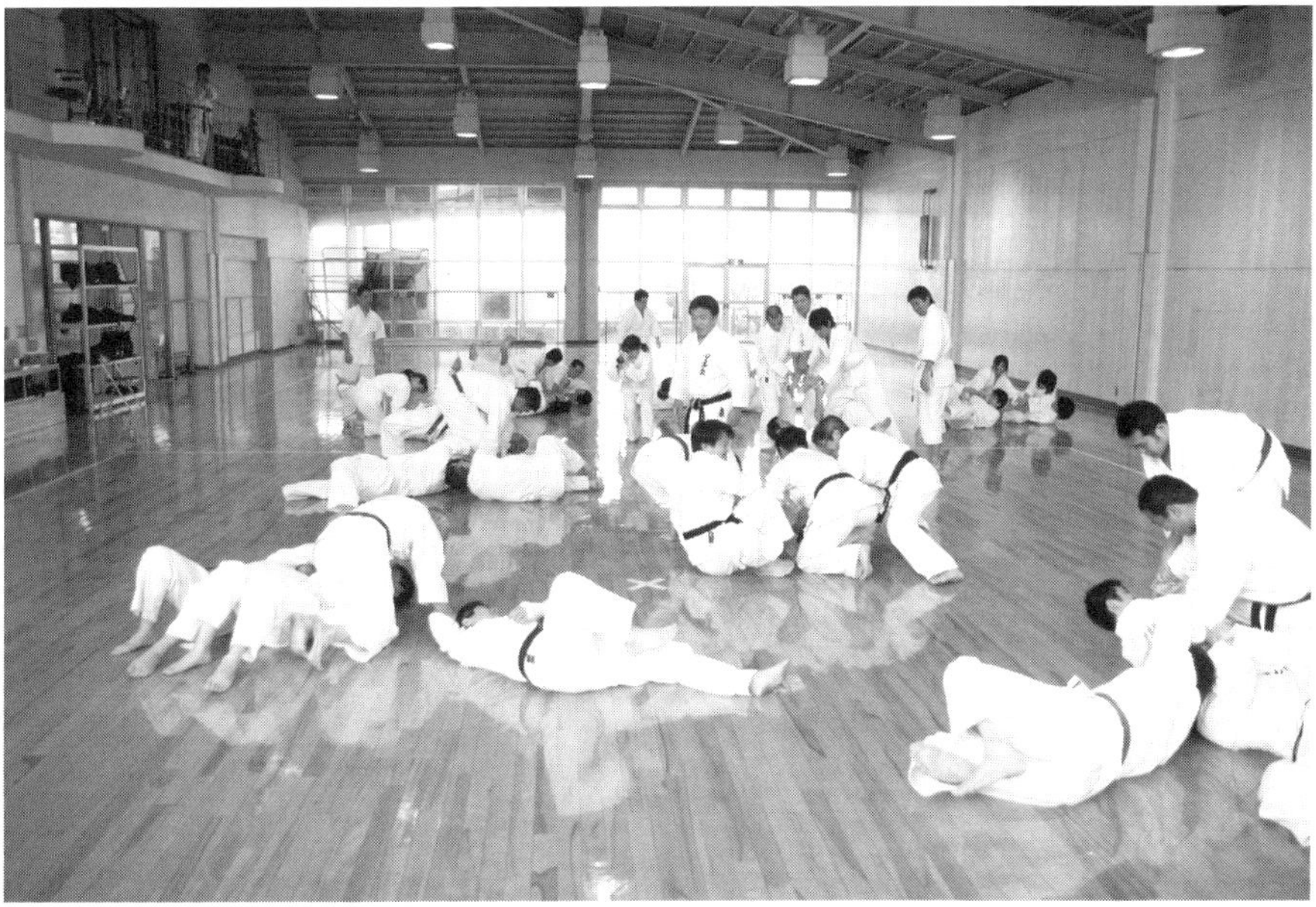

写真７．気を通してもらっての投げ

図4は、「宇城流根本原理　↓　指導　↓　変化」の稽古プロセスを示したものですが、根本原理は仮説ではなく、事実を通して得た真実です。

このプロセスでは、統一体を自らつくることによる方法と、気を通して「不可が可になる」方法で稽古をします。そして自分の変化、感じたことを感想文にあらわします。それを検証分析することによって、その人の変化の度合い、すなわち進歩・成長がわかります。その繰り返しと気づきの変化を通してステップアップを図っていきます。

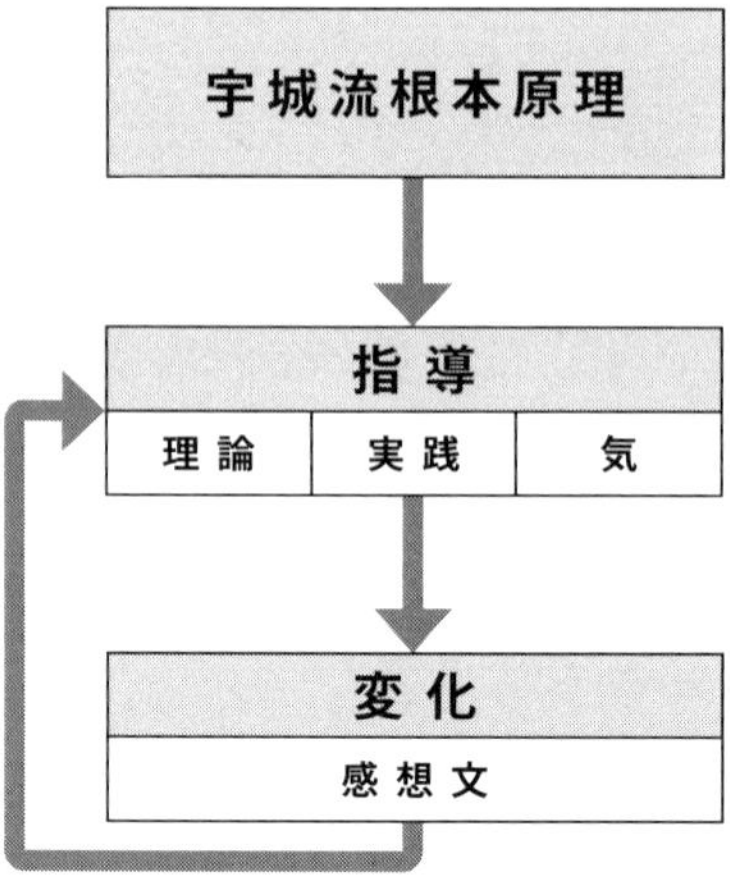

図4．宇城流根本原理と稽古プロセス

この「気づきの変化」は、一方で思考の深さとなります。この身体を通しての思考の深さこそ、調和を生む根源です。「相手に入る」「瞬発力」「先をとる」などの〝技の冴え〟はまさに、思考の深さに比例するものであります。

ここに文武両道への第一歩があります。すなわち「非日常から日常に向かうこと」、これが大事だと思います。

宇城流根本原理（補足1）―意識の世界と無意識の世界―

以上が、宇城流根本原理ですが、このあらゆる宇城流根本原理の土台にもなっている、意識と無意識の世界をひとつにまとめたものが図5です。

ベンジャミン・リベットは、人の行動において、ゼロから0・5秒の間は、人が意識することができない無意識の世界があるとし、それを実験で証明しています。たとえば、何か行動をしようとした時に、すでに行動は0・2秒後から始まり、それが自覚できるのが0・5秒後だと述べています。

また日本古来の考え方では、主に宗教の世界に、表層無意識、深層無意識というような考えがあります。さらに頭脳と身体脳という次元でのとらえ方があります。これは私の持論で、頭脳というのは自覚できる範囲の世界であり、身体脳は（A、Bとも）、無意識で自覚できない世界であると考えています。それは思考の深さという方法によって、無意識の世界に入っていくことができます。その世界は、決して頭脳では到達できません。身体を通した思考の深さによってのみ無意識の世界に入ることができます。したがってすべては無意識の世界での働きになるので、相手はそれをキャッチすることはできません。これが調和融合であったり、相手や自分のゼロ化であったり、相手との間が伸びたり縮んだりという時空のコントロールにつながっていくということです。

すなわち、「教える ⇕ 学ぶ」という知識修得の意識の世界から、「気づく ⇕ 気づかせる」という「思考の深さ」修得へとつながる無意識の世界への移行を通して、集中力としての「気」の修行が可能となるのです。

百聞は一見に如かず。
百見は一触に如かず。
百触は一悟に如かず。

宇城流根本原理（補足2）――日常と非日常――

気というのは人間にとって重要です。「気合が入っている」「元気がある」「気が効く」などの言葉からもわかるように、「気」が行動の原理に大きく左右しており、また「気」は、日常に大きく結びついています。図6は、日常と非日常のあり方を自己の解釈で示したものです。

現代剣道は、竹刀を使って稽古しています。しかし本来その原点は、真剣、すなわち日本刀です。真剣による勝負を想定すれば、真剣で稽古し真剣の身体動作を身につけることはもちろん、必然的に「生か死か」の境地に立たされます。すなわち斬る、あるいは斬られるという表裏一体の世界になるのです。したがって、「斬る」技術以上に、生か死かという場に臨んでは、不動心「びびらない心」が必要になります。しかし竹刀ではいくら厳しい修行をしたとしても、それは「当てる」世界であり、

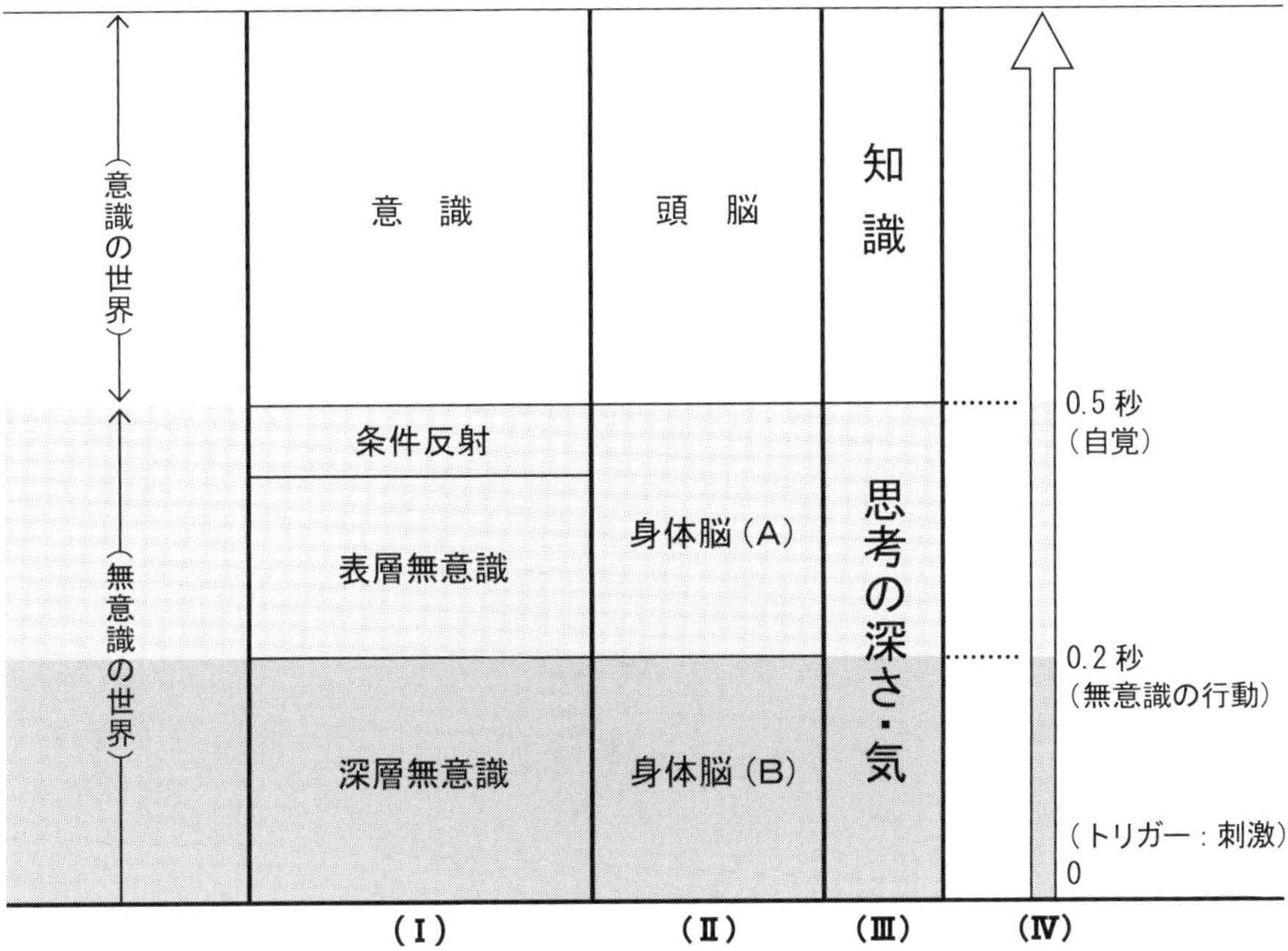

図5．意識の世界と無意識の世界

（Ⅰ）意識と無意識
（Ⅱ）頭脳と身体脳
（Ⅲ）知識と思考の深さ・気
（Ⅳ）ベンジャミン・リベットの実験

そのような「生か死か」の境地に立てません。竹刀稽古では、「竹刀の振り方」となるからです。また真剣すなわち生か死かの境地で宗教心が生まれるのは、たとえそれが自力本願でも他力本願でも必然的だったからだと思います。それが本来の剣の修行だと思います。

さらに、真剣を持つということは、どちらかが死にいたるという世界であり、したがってむやみに真剣を抜くという境地から、抜かずして勝負を決めるという方向に修行が向かうことは言うまでもありません。とくに幕末に江戸城無血開城を成功させた山岡鉄舟は、剣の達人でありながら、人を一人も斬ることはありませんでした。その山岡鉄舟が開眼したのが無刀流、その根源にあるのは「気」ですが、鉄舟が、気の世界の境地に立っていたからこそ、そのようなことが可能であったと考えています。

時代は異なっても、継承された伝統の型、修行のあり方を通して、鉄舟のような境地に向かうことが大事ではないかと思います。その時代背景にしか生まれ得なかった、高い次元のものを修得し、それを現在の日常に活かしていくことはたいへん意義あることだと思います。

スポーツでは、優勝することが最大の目的になりがちですが、優勝の上にある、己に克つ世界こそ目指さなくてはならないところだと思います。単なる精神論ではなく、調和融合や気の世界、気が出るような自分に進歩成長していくことが重要ではないかと考えます。

「進歩、成長とは変化することであり、
変化とは深さを知ることである。
深さを知るとは謙虚になることである」

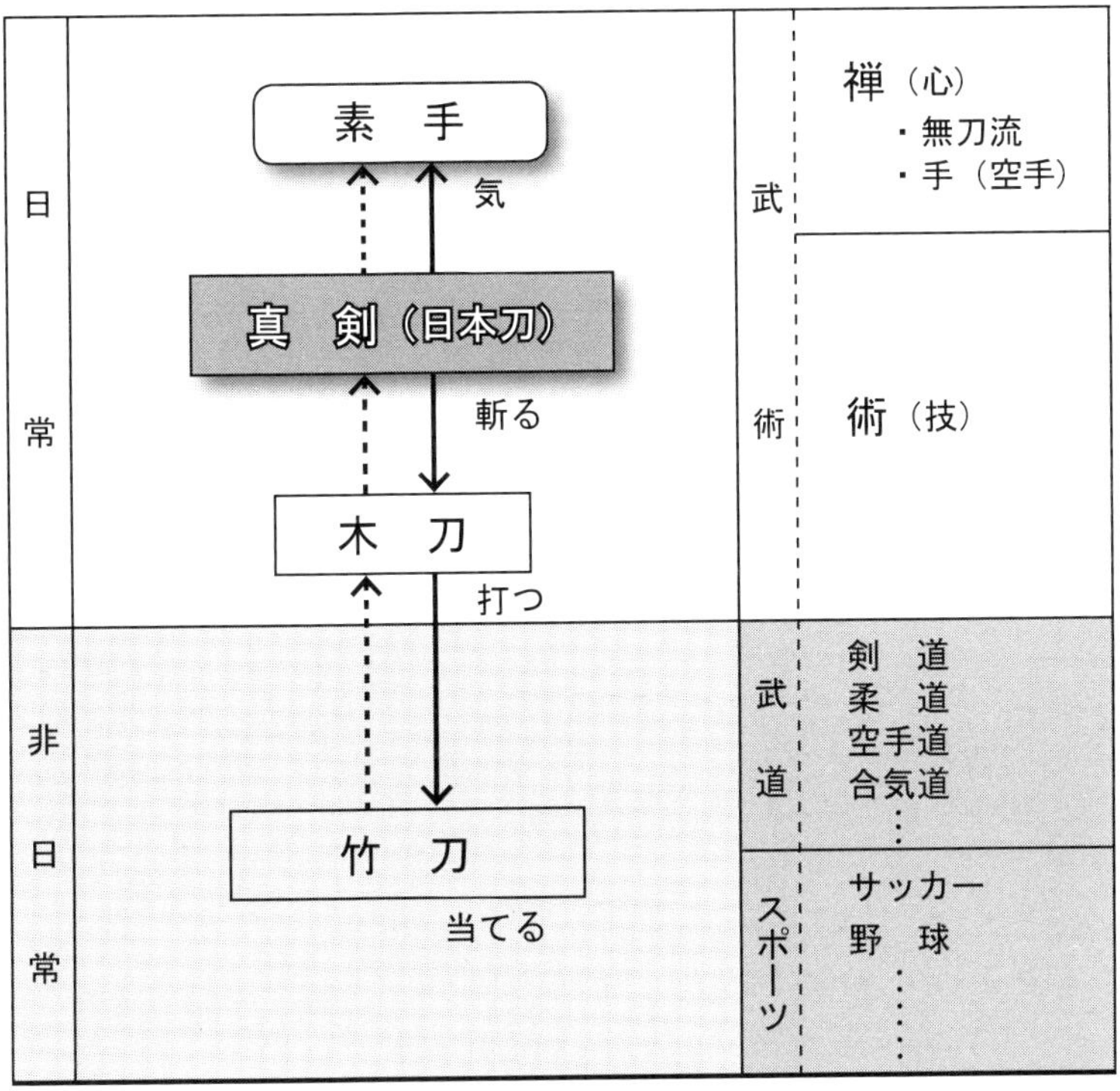
日
常
非
日
常
素　手
気
真　剣（日本刀）
斬る
木　刀
打つ
竹　刀
当てる
武
術
禅（心）
・無刀流
・手（空手）
術（技）
武
道
剣　道
柔　道
空手道
合気道
…
スポーツ
サッカー
野　球
……

図6．日常と非日常

とは持論ですが、すなわち武術修行の実践は日常にあります。コートやリング、競技場ではなく日常にあるということです。

「道」とは生きるを問うこと。
「道」とは、自分の中に不変となる生き方の基軸をつくること。
「道」とは、非日常を日常にすること。

生きることは、これらを土台にして、実践することにあると思っています。

宇城流根本原理（補足3）―樽桶の法則と守・破・離―

武術に見られる型は、生か死かという場を通して生まれた極意の集積であり、心身を鍛えるには非常によくできています。この型を学ぶことによって今のスポーツとは比較にならないほどの高い次元の働きを身につけることができます。そのような不変の型を通して、一人ひとりの身体の違いを超えた個の形（自在）を追究していくのが、真の学びであります。そのためには、守・破・離という教えでの修行が絶対条件となります。

守・破・離の世界は、言葉で教え学ぶ世界ではありません。その道を極めた師について学びながら、気づく、気づかせるというプロセスを積み重ねていく世界です。したがって、それだけの覚悟が必要となります。また、学ぶ上で、一人ひとりが違うということ、その違いをわきまえない人は、本質の理解にいたらず、物真似のレベルで終わってしまいます。あくまでも、個の身体の働きを前提とすることが大切であるということです。

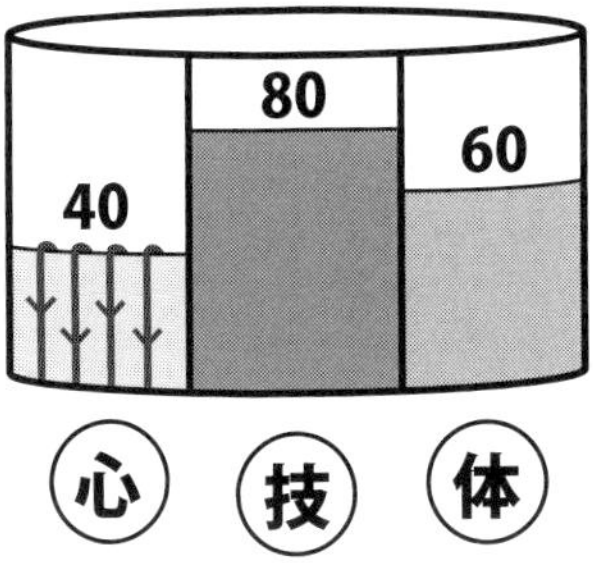

図７．樽桶の法則

樽桶の法則というのがあります。今、技というのが80点とします。そして身体が60点とします。しかし、ここで心というのが40点とする。足し算ですと80＋60＋40＝180となり、平均値を言えば60点となります。ところが樽桶の法則だと、いちばん低い心の部分(40)のところから水がこぼれるので、すべてが40点になってしまうのです。すなわち、心も40、技も40、体も40となります。技や身体だけが発達しても意味がないということです。ですから、最初から心技体を別々と考えるのではなく、ひとつと考えることが大切です。これを統一体と呼びます。

これは和の考え、積の考えと似ています。和の考えは、１＋１＋０＝２ですが、積の考えは、１×１

×0＝0というように、いくら掛けてもどこか一箇所にゼロがあれば、すべてゼロになるという世界です。とくに勝負の世界は、ひとつが欠けるとすべてが駄目になり、妥協は許されません。

ですから心、技、体と三拍子そろっていなければならないということです。これまでのトレーニングというのは、部分体であり、分析型となっています。そのために怪我が増えています。身体をひとつにする心技体、すなわち統一体にすることによって、これまでとは格段に違った力が出てきます。それが究極には気を出すプロセスにつながっていくのです。

そういう世界は言葉で学べる世界ではなく、伝統の守・破・離という学び、すなわち、気づく、気づかせるという世界で学ぶことが大切であると思います。

検証することの重要性

基本、型、それが正しいかどうかは、まず師によって示してもらえますが、真に理解するためには、さらにそのことを検証することが何よりも重要です。

たとえば、攻撃してきた相手を投げるという基本組手において、いろいろな角度から検証してみるということです。そのことによって自分の技の度合いがわかるからです。

力でくる攻撃、スピードある攻撃、変化する攻撃などに対して、すべて対応できるかどうかです。検証の良さは自分の技の度合いがわかるだけでなく、何よりも慣れ合いにならないということです。

技の一つひとつを検証するということで、妥協や慣れ合いがなくなり、そこから、技の根源にある本質が見えてきます。技の本質が見えてくると、技一つひとつが大事ではなく、技の根源にある本質が術で、その後処理としての動作が技であることがわかります。さらに究極はその術をも包括している気という存在も自ずと見えてきます。見えるからそこに向かっていく稽古ができるわけです。

第二部　術技の奥にある気

第二部に掲載した写真とテキストは、宇城氏による、空手をはじめ様々な指導現場の〝生〟の様子を記録編集したものです。

修行とは

妥協もなく、嘘もなく、言い訳もなく、限りなく自分との闘いができる無心の世界。
それは限りなく深く、限りなく高いにもかかわらず、一度その世界に足を踏み入れると、
自分自身に大きなエネルギーを与えてくれます。それが「道」だと思います。
この「道」を歩み出すと、自分に正直になることができ、覚悟ができます。
それは、他を意識したり競争したりする相対の世界から、
自己を見つめる絶対の世界へ移行するからです。

自己満足に成長はありません

本物を目指す人は、変わります。それは、現状に満足することなく自ずと深さを求めようとするからです。絶対真理を極める方向に目が向けば、誰がなんと言おうと王道を行けるのです。また、人はそういう世界に憧れます。スケールの大きい深さのある堂々とした、そういう魅力をつくらなければなりません。それは自分が変わるということです。変われば自信が生まれます。自信ができるということは、ゆとりができるということです。自己満足に成長はありません。

武術を極めるということは、エベレストのような高い山に挑戦することと同じです。そこらの低い山を目指す程度ならば、日常も含め、仕事もそういうレベルになるということです。本来なら仕事は命がけでやらなくてはなりません。命をかけるからこそ、本気だからこそ、あらゆることで他との差が自然と開くのです。

「先送りや生半可な対策、聞こえの良い、よくわからない急場しのぎ、遅延の時代は終わりつつある。その代わりに私たちは、結果の時代に入りつつあるのだ」

―ウィンストン・チャーチル　一九三六年―

空手実践塾合同合宿（琵琶湖にて）

いかなる場合も平常心、自然体が大切です

今の競技空手は組手の稽古を通して強さを身につけようとしますが、組手だけでは我流になり、勝つための絶対基本、「相手に入る」という武術のひとつの究極にはいたりません。組手で相手に入るためには、真の技が必要です。その技を教えているのが伝統の型です。型を通して一に眼、二に姿勢、三に瞬発力――これは座波空手の道場訓でもありますが――これら体系づけられた基本を身につけることが大切です。

第一に眼。眼は心の窓とも言い、その人の心が眼に映ります。自信のない不安な心は自信のない不安な眼になります。全部眼でわかるのです。強気の眼でも弱い眼でも駄目、深さを持ったおだやかな眼になることが大事です。

第二に姿勢。姿に勢いと書きます。姿だけでは死に体であり、姿に勢いがなければなりません。また姿勢が変わると眼も生きてきます。

そして第三の瞬発力。スピードとは違います。時間を超えた一瞬の瞬発力です。一寸（3.3㎝）の距離からでも出る破壊力のある突きが、距離を必要としない爆発力の突きです。そのためには肩の絞りと肘の伸ばしと勘の良さが必要です。武術で鍛えた瞬発力は日常に活かすことができます。すなわち、相手に対する気配り、目配りです。瞬発とはまさに普段の気配りでもあります。

単なる強さを求めての組手から、相手に入り、相手を活かす稽古を通して、常にいかなる場合も平常心、自然体でいることが大切だと思います。

空手実践塾合同合宿（琵琶湖にて）

大事なのは経過した年数ではなく修行した年数

自由組手ほどその人の癖が出るものはありません。それはすでに脳にインプットされたものしか出ないからです。型稽古を通してせっかく良くなったのに自由組手をやると、またスポーツ時代の昔の癖が出る。

30歳の頃こんな事がありました。師である座波先生に「宇城君、最近稽古をさぼってるね」と言われました。「毎日稽古（自由組手）してるのに」と自分では強くなったつもりでいました。ところが、出張などで稽古の時間がとれず、一人でできる型だけを一生懸命やっていた時ほど、「宇城君、最近だいぶ稽古したな」と言われました。

やっぱり先生の見方は違うなと思いました。この時の教訓は、その後の稽古の大きなヒントになり、また稽古自体大きく変わりました。ですから稽古は量ではないのです。中身の問題です。中身が変わっていないと、稽古に行った時に指摘される。意味がない稽古は何回やっても同じです。稽古にも工夫が必要だということです。大事なのは中身のある稽古の修行年数であり、ただ稽古しただけの経過した年数じゃない。そこが大事。そこに気づくことです。修行とはそういうことです。

空手実践塾合同合宿（琵琶湖にて）

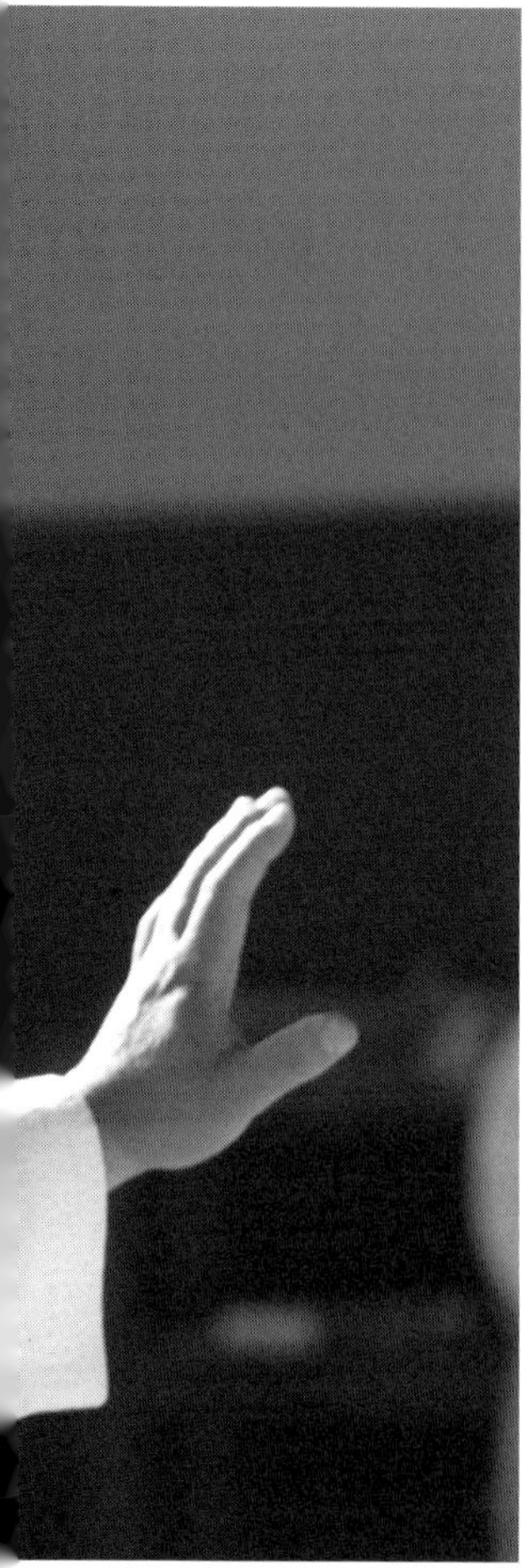

「これでいいですか」はあり得ない

私の父は戦闘機乗りでした。その父に「飯食べ！」と言われ、2分か3分後に行くとすでに食事がない。全部犬に食べさせている。風呂は2回まで。「風呂に入れ」と二度言われて行かないと、もう栓が抜いてある。私は長男です。九州は長男が先に入る。おふくろはそのあとです。ですから栓を抜かれたらおふくろも入れない。そういう日常でした。

人を叩いて泣かせてくると、人を叩くなと叩かれる。泣いて帰ってくると、「やりかえして来い」とまた怒られる。結局、答えがないわけです。それは戦争の最中においての「戦闘機乗り」という覚悟と体験からきているのだと思います。そういう基軸がある。

空手では座波先生からも徹底してそういうことを学びました。誰かが先生に、「これでいいですか」と聞けば「それでいい」と先生は答えました。本人は「先生に褒められた」と思うわけですが、「所詮、君はその程度」、だから「それでいい」になる。「これでいいですか？」は、自分を主体にした言葉なのです。そこに自分が気づかなければ終わり、ということです。

空手実践塾合同合宿（琵琶湖にて）

— 座波宗家語録 —

悟りは、固定して考えては駄目である。悟りとはその時点だけのもので、次々と変わらなければならない。これが進歩である。悟りの上に悟りを重ねていく。それが術になる。まず悟りで技が生まれ、悟りに悟りを重ねて術が生まれる。そしてその人独自のものになっていく。

悟りというのは「その瞬間」にあります

　型の稽古は24時間やらなければならない。すなわち、24時間、型が頭から離れなくなった頃、少し型が自分の中に入ってくる。そして少しずつ型の意味がわかってくる。そのような繰り返し稽古をしていくなかで、何度も何度も気づきが出てきて、やっと型の本質や深さが見えてくる。見えてくれれば、そこから加速するのです。また、ひとつの気づきがその気づきだけに終わるのではなく、水平展開してまわりを引っぱり込むというのがわかる。

　そうなった人は、道場だけでなく一人になっても稽古する、そういう力が勝手に働くのです。わからない人は、いつもその場限りの稽古になる。それは、その人を見た時に瞬間にわかります。

　そういうことに気づかないとレベルの低い稽古しかできません。またうまくなるためには、自分の上達の度合いを照らし合わすことのできる稽古プロセスもしっかりしておかないと駄目だということです。「気」の修得などはメソッドやハウツーにではなくプロセスそのものにあります。また見取り稽古ができるぐらいにならないと駄目。悟りというのは「その瞬間」にある。その瞬間がわからないと駄目だということです。

東京空手実践塾

現状維持は退歩です

「気」の最大の特徴は、時空（時間・空間）の中のあらゆるものと調和融合ができることです。それはたとえば、私たちは空気の中にいて、かつ空気に守られているという空間に位置していますが、その空間の空気の密度を変えてエアーポケットを瞬時につくるようなことです。すなわち立っている人の片側の空気の密度を薄くすると、その方向に吸い込まれるような感じとなって自然とバランスを失い崩れていきます。そういうことが可能なのです。

現在のスポーツ武道では、相手と衝突する力の世界が主流です。力のレベルの世界にとどまっている限り、加齢とともに厳しくなっていきます。

稽古というものは、修行が自分の達成したい方向へ向かっているのか、また自分がやっている延長上に目指す希望があるのか、それを確認検証する場にしていかなくてはなりません。現状維持は退歩です。

加齢に対しての答えは、目に見えない力、衝突しない力の認識とともに、それを身につけるプロセスにあります。その最高峰にあるのが「気」です。

― **座波宗家語録** ―

研究は復習とは違う。型の中にある技を見つけていく。それが研究である。型を形に変えて技を見つけ出していく。これが研究である。

東京空手実践塾

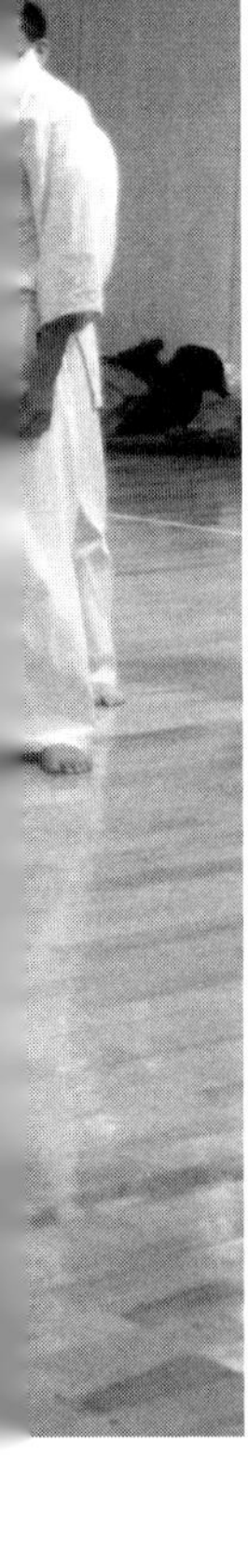

「できるかできないか」これが継承の本質であり、厳しさです

伝統を引き継ぐということは、一方でその技術をよみがえらせる作業です。それは、ただ歴史的資料を保存したり歴史の長さを言葉で伝え残していくことではありません。その歴史が600年あるものならば、その歴史の中で人間の身体に刻まれてきた術技、そしてその心を、その時代時代によみがえらせることであり、それができてこそ、継承したと言えるのです。かつて先人が、気を出し、間を変え、相手を完全に制していたのであれば、それが言葉ではなく実際に体現できなくてはなりません。そこに言い訳は存在しません。そしてそこにいたる稽古が修行と言えるのです。

伝承された技や心を変更したり形骸化して、途中で本質が切れてしまったような、形だけの延長を目指しても、意味がないということです。技の伝承は、切れてしまった時点が終わりとなり、その切れた時点からの新しい出発となります。したがってその歴史はそこから始まる極端に短いものとなり、その後の継続は似て非なるものとなります。

まさに「できるかできないか」、これが継承するということの絶対条件であり、厳しさなのです。

東京空手実践塾

常に師に対し心を明らかにしていなくてはなりません

師の座波先生から何回も聞いた言葉でこれはと思った事……。

「一定期間内にあるところまで伸びない人は、時間を無駄に使っている。一生かかっても伸びないぞ」。自分のことを言われていると思って聞いていました。

師の真の教えに気づかない人は、表面だけを頭でとらえてやっているから似て非なるものになってしまう。そこにまず気づかなければなりません。

私は、もし自分の父と座波先生の葬式が重なったら、先生のほうに行くと、親や家族にずっと言い続けてきました。つまり、自分が先生に命をかけてきたこと、それを最後に何で示すかという覚悟です。師とは、それほどの人です。

徹底すれば自己の中に強いものが生まれてくる。その覚悟が大事なのです。

そして、常に師に対し心を明らかにしていなければなりません。先に覚悟をしておく。少なくともそのくらいの覚悟がないと、師の心、師の技の本質は見えてこないということです。

— 座波宗家語録 —

破門とは、弟子が師を離れることであって、師が弟子を放逐することではない。

東京空手実践塾

できるためのプロセスを、今踏まなければならない

できないことをできるようにするために、どういうプロセスを踏んだらいいか。それには、できない悔しさを徹底的に自分の中に植えつけることです。「いつかできるようになるだろう」と思う人は、一生できません。できるためのプロセスに「今」変えない限り、10年かけても20年かけても、できないものはできません。武術というのは、できる人が上にあがっていく世界。職人の世界と同じです。

できる度合いというのはその人の心そのもので、師というのは、師が知っていることをただ教えているのではない。その人のレベルに合うところまで降りてきて話をしている。ですから我を捨て、心を開くことが大切です。開いた分だけさらに上のレベルの指導をしてもらえるのです。だからこそ、師の前では絶対に調子に乗らない。そうすれば信頼されてより深い指導が受けられる。そういう学び方をしていかなくてはならない。甘ったれた、なれなれしい人間はそれを勘違いしてしまうのです。そこが大きな違いです。また師も常に成長していて、弟子が目をはなすと、逆にぱーんと置いていかれる。師弟にもそういう時期があるのです。

―座波宗家語録―

空手には上手、下手があるが、人間には上手、下手はない。

東京空手実践塾

真実が基本

人間は呼吸をしないと死ぬということ、地球が常に一定の方向にまわっているというのは、ひとつの真理です。ですから常に変わることはない。真実というのは、その真理をあまねく応用していくための基本です。ですから基本的に空手や合気道も真理という面から見ると一緒であるということです。ましてや空手には多くの流派がありますが、流派とは枝葉に分かれた先の話です。その枝葉を支えている幹があり、それを支えている根がある。それらは一本の木で成り立っています。一本の木という見方をすれば、もっと広がりのある調和融合が生まれるのではないかと思います。

事実を通して真実が見えると、さらにその上にある真理の尊さ、そしてそれを育んできた歴史の目に見えないエネルギーを感じるようになります。それを学ぶことによって絶対的世界の強さが見える。不思議な限りです。

東京空手実践塾

武道は、褒められた時は終わりです

凄さに憧れて集まってくる人は、その本質を見ようとしません。だからいつまで経っても本質が見えません。「驚いた」そこに価値があるとするから、それ以上教える意味がなくなってしまう。そういう人はこっちがダイヤの原石だと言っても、たいていガラス玉のほうを喜ぶ。その過ちに気づくことを第一義としなければいけません。

毎日真剣に稽古をやっているという人は、見てわかります。自分の言ってることや教えたことを真剣にやってくれている人は心が伝わってくる。そういう迫力が組手にも出てくる。だから漠然とやっている人とはぜんぜん違ってくる。それが本気ということです。

座波先生は稽古が終わった後に笑いながら「十年やっても変わらんよ。習ったことをみんなここに忘れて置いて帰るから」と言われる時があります。そのひとことの意味は、わかる人にはわかる、わからない人にはわからない。わからない人は「今日はよくがんばったね」をそのままとってしまう。まさに武道というのは褒められた時は終わりと思っていなければなりません。

―座波宗家語録―

技のその先に術がある。その術が奥義であるが、奥義には終点がない。技である限り終点はあるが、術には終点がない。

東京空手実践塾

相手の事の起こりを制す、そこに稽古が向かわなければなりません

武術というのは本気でないと駄目だということです。「生か死」から創出された術技だけに、それに近づく稽古をしなくてはならないのです。そのためには、相手の攻撃を受けたりさばいたりといったレベルでは話になりません。初心者といえども、相手の事の起こりを制するという稽古をしなくてはなりません。少なくとも稽古がそこに向かうものでなくてはならないということです。

事を起こそうとする相手の意識に入る。それは動作以前にあるもので、そこでは目に見えないものが働きます。それは、目に見えないものだから、身体で感じるというレベルになります。そういう次元の稽古に向かうのに伝統の型と型の分解組手は絶対条件であり、そういう稽古をしてこそ、また型も生きてくるのです。

型稽古というのは、自分の内なる身体との会話ができます。会話ができるからこそバラバラな動き・部分体から、すべてが肚から出る力・統一体への移行が可能になっていくのです。また統一体になると、身体が透明になる。透明になると、相手の事の起こりはもちろん、相手が不透明なところが見えてくるのです。相手が何かしようとする、その不透明さが見えてくるのです。そこを押さえていけば、相手は動けない状態になるということです。

東京空手実践塾

自分のレベルで「わかる」は、「わかっていない」ということ

術技を極めようとするなら、またそれを本当に身につけるには、道場の稽古だけでは不可能です。道場を離れた日常の場で師の真髄に触れることが必要です。それは道場を離れた所での日常のなにげない話から師の言葉の深さや思い、心を汲み取ることができるからです。また比喩などもそうです。たとえば、空手の基本とは……という話で、次の師のひとことで奥の深さがわかります。

「基本は何年やってもやり足りない。ただし、基本では喧嘩できない。応用ではじめて喧嘩に通じる」

言葉では一億分の一も学べません。それは言葉というのは、自分のレベルの範囲でしかわからないからです。本を読んだ時に「わかる」という本は、「自分のレベルでわかった」ということ。すなわち「頭でわかった」ということです。自分のレベルを知識の積み重ねとしてでなく、思考の深さへ導いてくれる「わからない」本をさがし、そこに何かを直感で感じなくてはいけません。そのような本を読んで、一週間たったらわかるようになった、一ヵ月たったらもっとわかるようになったというのがいい本であり成長だと思います。知識に頼り過ぎると謙虚さがなくなり「知らないのに知っていると思い込んでしまう」危険性があります。そこが非常に大事です。

空手実践塾合同合宿（琵琶湖にて）

後蹴りでも、正面蹴りとまったく同じ感覚で蹴ることが大事。そのためには相手の攻撃の瞬間の間を制し、相手に入ってからの攻撃をすること。

②

③

複数相手の稽古は、自分の心に居つき（止心）があってはすぐ後手になり、やられてしまう。心を開き（放心）、常に先をとっておくことが肝心である。

〃止心を戒め放心をとく〃

④

⑤

東京空手実践塾
⑥

東京空手実践塾

真の武術 ―― 気

「気」とは何か。どうしたら身につけられるのか。
それは「思考の深さ」にあります。
「思考の深さ」とは何か。
それは「同時性・多次元の動きを可能にする意識」とも言えます。
武術は常に「できる」という事実から内なる心身との会話を通して、
目に見える形、すなわち法則性を見出しているのです。
そこに次元の高さ＝思考の深さが得られるのであり、
それがまた、さらなる思考の深さへとつながっていきます。
武術の究極「気」は、まさにその結果だと言えます。

型が使えるかどうかは、見ればわかります

「気」は誰にでも存在しているものですが、それを引き出すためには、そのプロセスを知らなければなりません。継承された正しい型には、そこから気というものを引き出すことができるエネルギーが内包されています。だから先人の残した型を大事にしなくてはならない。型が使えるかどうかというのは、その人の型を見ればわかります。使える人の型には気が存在しているということです。そのような型は剛と柔が気で調和し、美しく見えます。また、その延長上にある組手においても同じことが言えます。調和という名のもとに相手に合わせてやっていたのでは、何が本物かわからなくなります。

それは投げ技ひとつとってみても同様です。本来の気の通った投げは方向性がないので、どこに倒されるかわからない。だから自分から倒れるというのはあり得ないのです。まして武術という面から言えば、投げられた時に手で受け身を取るのは、畳の上だからできるのであって、板の間や外のアスファルトの上だったら怪我をするだけです。気の投げは固めて投げるのとは全く違い、しかも相手は怪我をすることはありません。それは相手にも「気」を通しているからです。怪我をさせず、かつ一撃必殺が武術の稽古なのです。

― 座波宗家語録 ―

真面目だけでは発展性がない。剛の中にも柔、柔の中にも剛がなくてはいけない。剛だけでは嫌われる。柔だけでは馬鹿にされる。

空手実践塾合同合宿（琵琶湖にて）

心を開き身体を自由にする

結局眼なのです。皆さんの場合、漠然と見ているから眼が動いている。焦点が定まっていない。動きが遅く無駄がある。それは迷いがあったり不安があったりしても同じことが言えます。逆に「何っ」と凄む眼は一点に集中しているように見えますが、今度は肝心の心が居ついており固定されて動きが鈍ってしまう。眼が止まったら駄目なのです。いちばんいい眼は超高速状態に動いてかつ静止しているように見える状態です。それが、相手に入っていく眼です。

ようするに執着したらいけない。執着すると心が止まってしまう。試合に勝とう勝とうと執着すると体の前面に意識が集中し、背中は隙だらけになっています。執着する人のエネルギーはバランスが崩れているので力の割には弱さがあり、また不快感があります。これは日常でも同じことが言えます。たとえばそういう人が営業すれば、「売ろう」という、本人にも気づかない無意識の欲が出て、それが相手には違和感として映り、無意識に買わないという気が起こる。執着があると、相手に入れないようになっているんです。心を開き「入る」ことが大事だと思います。

千手観音像というのがあります。像そのものには、手がたくさんついていますが、その意味するところは、心が自由になれば、いろいろなことが自由にできるということだと思います。しかし意識の中でやっているのは自由じゃない。自由とは、無意識の中で動いていくというもの。そういう心身をつくるには、正しい型が必要です。しっかりした基本を型から徹底して学ぶということです。

空手実践塾合同合宿（琵琶湖にて）

気を通して木刀を真剣に近づける

相手の攻撃に対して、いくら頭で怖くないと思っていても身体は知っています。たとえば相手の攻撃に対し、受けたり下がったりするのは、無意識に身体が「怖さ」を感じているからです。その無意識の怖さでやられまいとして手や足が出ていたのでは駄目なのです。相手との間を制し、相手に入ることが大事であり、そのためには内面の力が必要です。また内面だけでなく外面においても、姿勢が大事です。背中が曲がったり、腹がへこんでいては力は出ません。

刀でも、抜きやすいように刀を抜くと姿勢がおかしくなる。ですから稽古では自分の身長に合うところで、できるだけ長い刀を抜く練習をする。そのことによって小手先の抜きではなく、正々堂々とした抜きができるようになります。まず姿づくり、そしてそれを基本に勢いをつける、すなわち刀と一体になることが大事です。そのような姿勢で木刀を持って気を通せば、相手は実際に切られる感覚になる。そういうことが可能になります。

刃物を持って相手に向かえば相手はびびる。いくらびびるまいと頭で思ってもびびる。それは身体が知っているからです。だから、自分の身体に気を通し刃物を持った状態の身体にしていく。なんでも、その気になる「気」がなければできない。「行く気」がすれば行くが、「行く気」がしなければ行かない、強制されれば言い訳をする。それと同じです。

空手実践塾合同合宿（琵琶湖にて）

打たれる杭になれ

会社が忙しいと言って稽古を休む人がいます。私は逆です。武道をやっていることが仕事に活かされると思うから、休むことはない。それは武道のほうが仕事よりはるかに次元が高いからです。生き方の土台になっている。

仕事は時代の流れ、限られた時間という枠の中で妥協がある。やむを得ずというようなところがある。大企業といえども消費者を騙すような次元の低いところがある。しかし、武術空手には妥協がない。その厳しさと深さに誇りを持ち、またそれが根底にあるからこそ、仕事に活かすことができる。だから、「ごまかしてやれ」と言われても、最小限のところで「それはできません」となる。「できません」と言えば、会社ではじかれる時がある。しかし、そういう人が最後には会社に必要とされる人間になるのです。

いちばん大事なのは、どんな事でも逃げずに入っていく肚をつくること。それが気です。出る杭は打たれる、出て行くと打たれるのです。だから出ないようにする、のではなく、もっと出て、「打たれる杭」にならないと駄目だということです。さらにさらに出ていけば、打たれなくてすむようになる、そこまでいくようでなければなりません。

東京空手実践塾

武術とは、戦う中から平和をつかむことです

一撃必殺というのは、一発で必ず倒せる威力があるということです。単なる素手の威力だけでは人は簡単には倒せません。大事なのは、相手の中に入ること。相手に入って相手をゼロ化し腑抜けにする。そこが重要です。そこを打つわけですから、一撃の内容が変わってきます。だからこそ、そこに向かう稽古は本気でないと駄目だということです。

スポーツ空手のように、手で相手の突きを受けていると、相手の二発目にやられてしまいます。相手が刃物を持っていたら刺されているということです。実際に相手に刃物を持たせてみたらわかります。結果、ほとんどの人は手など出せなくなります。

たとえチャンピオンになったとしても、ライオンの檻には入れません。恐いというレベルではなく死がはっきりしているからです。あるいは、十数階あるビルの屋上の細い縁の上で組手をするというのも同じです。場をわきまえるということと、武術の本質に目を向け稽古のレベルを上げることが大切です。すなわち非人間的方向の強さを求めるのではなく、心身一致の強さを求めるということです。武術とは、戦う中から平和をつかむことです。そうでなければ、平和などという言葉を使えません。

東京空手実践塾

裏切らない身体をつくらなければなりません

気の力は場の空気を変えることができます。

複数を相手にするような時は、自分の手足に気を通してナイフと同じ状態にするのです。すると場が変わり有利になります。それが瞬時にできなければならない。そこに武道稽古の醍醐味があります。

そのような目に見えない世界での量子論的なエネルギージャンプをしなくてはならない。そういう稽古を毎日すれば日常においても活かすことができ、いろいろな相手に入っていくことができ、調和することができます。場の空気を変え、調和する次元への稽古は自己のレベルを上げ、年をとるほど楽しくなります。一方、衝突の次元でやっていたら、年をとったら使えません。また馴れ合いの稽古でも駄目です。

相手に入っていく逃げない身体は、逃げない心、すなわち裏切らない心の根源でもあります。身体が逃げたら、心も逃げる。いくら言葉で良いことを言っても、いざとなると身体やそれに伴う心は裏切るのです。しかし今言ったような稽古を積み重ねれば、裏切らなくなる。そういう人たちの輪を広げていくことが大事だと思います。

東京空手実践塾

勝負で勝つのではなく、空手で勝つ

「空手で勝つ」を学ばなければなりません。すなわち、自分に克つために空手をやる。自分に克つとは希望をもって耐え忍ぶということです。今のスポーツやスポーツ化した武道は「試合で勝つこと」が主体になっています。すなわち相手に勝つことに稽古が向き過ぎているということです。

相撲の言葉に、「押さば押せ」というのがあります。この「押さば押せ」の「押せ」は「押忍《おす》」ということです。つまり押し忍ぶ。衝突しないということです。相手が押してきたら押し返せではなく、耐え忍んで「押せ」、すなわち調和ということです。それから「引かば押せ」です。「引かば引け」では土俵から出てしまう。「引かば押せ」はやはり調和ということです。叩き込みは相撲では嫌われています。それは心が逃げている証拠でもあるからです。逆に前に出て行って負けたのなら、「相撲で勝って、勝負で負けた」ということです。だから押してきたら耐え忍ぶ、吸収したり、貫通したり、調和したりという、「押忍」の精神と技が大事であるということです。

空手も同じです。昔から、巻藁を突いて「自分は凄いぞ」と手のタコを見せびらかした。〝空手らしさ〟を見せたのでは終わり、低レベルだということです。「凄さを見せる」という欲があるからです。欲のある技は技ではないということです。

自分に克つための空手をやる。それが大事です。

東京空手実践塾

「前に出る」を身につける

こういう言葉があります。「切り結ぶ太刀の下こそ地獄なれ、進みゆけば極楽」。これは、刃の下は怖いが、一歩前に出てこそという「心を強くしなきゃいけない」ということを教えているわけです。どうしたら心を強くできるか。それには、相手の攻撃に対して入る、下がらない組手をすることです。相手を受け入れることができると、「入る」ことができ、その「入る」という自信から、自然と強い心が生まれるんです。いくら心を強くしようと思っても、頭で思うだけでは強くはなれません。実際組手などの身体を通して身につけない限り、頭での思いだけでは裏切られます。

約束組手稽古で突いていって相手が技をかけようとした時にぱっと引いたりする人がいます。そういう人は、今度自分が技をかける側になった時に、ぜんぜんかからない。それは心が逃げている証しで心の弱い人はこうなりがちです。裏を返せば心がびびっているということです。大事なのは踏み込んだ中で対応することです。本当の強さというのは逃げ場のないところ、崖っぷちでやらなければいけない。「前に出るしかない」というところでやるのです。

― 座波宗家語録 ―

切羽詰まったら自分が想像したことのない技が出る。追い詰められて、はじめて技が出る。道場にいると技が出ない。

東京空手実践塾

0・5秒前の無意識の世界

ベンジャミン・リベットという人が『マインド・タイム　脳と意識の時間』という本の中で、意識は起こったことに0・5秒遅れて認識することができると述べています。

たとえば危ないと思ってブレーキをかけたとする、ブレーキを踏んだと自分で認識できるのは、0・5秒後なのです。たとえば何かをしようとする時、その行動は、無意識ですが、0・2秒後から始まり、それが認識できるのは0・5秒後ということです。すなわち0・5秒の前は無意識の世界で、0・5秒後は意識の世界だと述べています。

空手の場合、ぱっと相手が攻撃してくると、たいてい手を出してそれを防御しますが、これは条件反射の範疇です。ところが、攻撃してくる相手に対し、こっちが入ると、ぱっと相手の攻撃が止まったり、自分からそっくり返ったりします。まさにこれが相手の0・5秒前の無意識の世界にこっちが入り込んでいるということです。だから相手をコントロールできる。一度0・5秒前の無意識をコントロールされると、その状態を解くことはできません。一般的には0・5秒以後はお互いが意識してやる世界なので、コントロールは効かず、力や単なる技の応酬ということになります。

東京空手実践塾

相手が入ってこれない迫力、オーラを出さなくてはなりません

相手が攻撃しようと思っても攻撃できないのは、こっちが相手にすでに入っているからです。それがない時は相手は攻撃してきます。相手に入るというのは目には見えませんが、相手の無意識のところに入って、コントロールされているので、自然とそうなるのです。ふつうの試合では弱い相手だと容易に入れて、強い相手だとなかなか入れないことがありますが、それと少し似ています。具体的にひとつの目に見えない技として、相手が「攻撃できない」状態をつくるのです。真剣を相手に突きつけると相手は身動きできないですが、それと似たような状態を自分の身体から出していかなくてはならないということです。

相手が入ってこれない迫力やオーラというものを自分から出せるようにならなければなりません。そして、そういう迫力、オーラを日常の中に活かすのです。そうすれば肩書きはいらないのです。そしてどんな人にも入っていける、そういう自分をつくることです。

― 座波宗家語録 ―

空手の実体を見る。目に見えないものを見る。これが悟りである。

東京空手実践塾

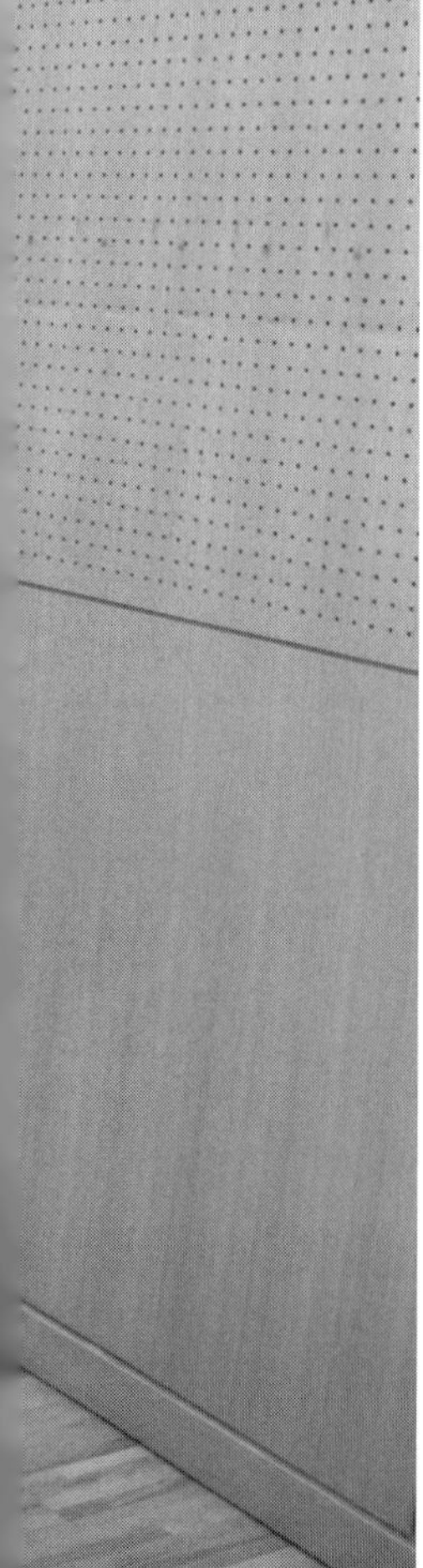

気で37兆個の細胞が働き出す

何かをしようとする意識は、命令が頭になるので、相手にその動きを認識されてしまいます。しかし、無意識の世界、相手の読めない世界での攻撃に対しては、相手は防御できません。実践塾での最近の稽古では気を流すことによって全員にそのことを体験してもらっています。

気を通せば身体は勝手に衝突を避け、貫通する力が出たり、考えられないような回転をかけたりして、これまでできなかった技ができるようになるといった革命的な変化が起こります。相手を抑える時も、自分の中心が勝手に相手の中心を抑えています。これが気の力です。このように気力が出てくると37兆個の細胞が働き出すのです。筋肉の力による働きは居つきがあり、スピードが遅く細胞を主体とした動きとは比較になりません。なぜそういうことができるのか、そこに稽古は向かわなくてはならない、ということです。

東京空手実践塾

武術では「相手に入る」が先決です

武術の一撃必殺は、相手に入るのが先決です。入ると相手は腑抜けになり、そこへの一撃は、破壊力のある強い突きになるということです。ですから、スポーツの「当てる」一撃とは意味が違います。巻き藁やサンドバッグを突く練習は突きの威力を増すためと思われがちですが、実際は逆になります。したがって武術ではそのような稽古はしません。威力ある突きの稽古ひとつとってみても、その考え方はもちろん、修行のプロセスも違ってきます。

頭の命令で構成された攻撃は、相手にこちらの打とうとする場所が無意識にわかってしまう、すなわち相手の身体が先にこちらの攻撃を読んでいるわけです。ところが、相手に入るという間が先につくられると、相手はこちらの攻防を読みとることはできません。武術的稽古では、そのように先に入っておかなければ駄目だということです。

スポーツの究極はタイミングですが、武術ではタイミングは初歩のレベルであり、「入る」ことが重要です。そこを勘違いすると、何年やっても上達しません。

東京空手実践塾

手を出すのは、びびっている証拠です

攻撃の極意はひとつしかありません。打たれる前に打つ。蹴られる前に蹴る。これが攻撃の極意です。すなわち先をとるということです。さらに、その先にある「戦わずして勝つ」は究極の極意です。すなわち気で制する世界です。一に眼、二に姿勢、三に瞬発力は、座波空手の道場訓ですが、眼は心、姿勢は肚と、肚腰が引けていると、頭ではいくら怖くないと思っても身体がびびります。相手の攻撃に対し受けの手を出してしまうということは、身体がびびっている証拠なのです。身体の覚悟・肚が必要です。空手の稽古を通しての覚悟は、日常においても人間性で人を引っぱっていくことにつながり、大事なことです。

覚悟のできた身体からは気が出、気が通ったら怪我をしない。気が抜けている人は怪我をしやすい。また、欲がある人は、執着があり心身の居つきが起こります。そのため瞬発力の攻撃に対し後手となり関節技などではポキッといく。それは、力の攻撃に対しては強くても、瞬発力の攻撃に対しては脆く枯れ枝と同じだからです。だからこそ、ちゃらちゃらした稽古はしてはならない。肚腰を据えて、突く時は真剣に突く。蹴る時は真剣に蹴る。刃物を持っているような真剣な気持ちをお互いが持って稽古する。そうすると上達の度合いが違ってくる。そういう稽古をしていかなければならない。

岩船

深さ・高さを求めていけば

　このコロラドの合宿は合気道が主体です。しかし流儀を超えた深さを求めたところで先生同士が意気投合しているから、意義ある交流稽古ができるのです。このような広い心で出会いを大きくしていくことが大事だと思います。人数の大小を求めるのではなく、内容の深さに本質をおき、広く浅くは駄目。広く深く、そして高くです。高い山は自然に裾野が広がり、多くの融合と出会いがある。一方深さは、表面がいくら荒れてもその底は静かであり、安定している。武道はまさに高い山、深い海の両方をもった存在だと思っています。そこに多くの人が集まってくる。まさに日本が世界に自信をもって誇れる国際交流です。

　またこの合宿には、世界から参加しています。そこにおいては、スポーツ武道ではなく日本の伝統武術としての空手を披露し、その空手の術技と心を学んでもらうなかで、感心したり喜んでもらえることが、まさに国際交流かなと思います。伝えたいのは、単なるスポーツの強さではなく、武術の本質、事理一致、調和にあります。それは高度な技術であると同時に、武術の心です。国際交流というのは、まさに自国の文化を通して交流し相手に理解してもらうということでもあります。

コロラド合気道合宿（2006 年）

技があるかないかに気づくことが大事です

相手に入る術は、目に見えない働きです。その最高峰にあるのが気による働きです。気というのは、いろいろなことに活かせます。相手に気を通せば相手の身体を柔にしたり剛にしたり、相手の重心を上げたり下げたり自由にできます。一方、力でやるものは年をとったらできません。力を主体とするスポーツ的な練習とは加齢に対して話にならない差が出てくるということです。今回、そういう気を世界のあらゆるところから来ている人たちに体験してもらって、その驚きが広がりました。

投げにおいては、手をひねって投げるのではなく、内面に回転をかけての投げなので、相手は感じることができません。したがって、痛みなく倒すことができる。極めるのでも、手の関節等を極めるのではなく、ぱっと手をやるだけで、相手は固まってしまい、制することができます。そういう稽古を経験してはじめて、自分の技のレベルもわかってくる。無限の高さ、深さをもった武術の存在そのものから技というのは生まれる。そこに気づくことが大事です。

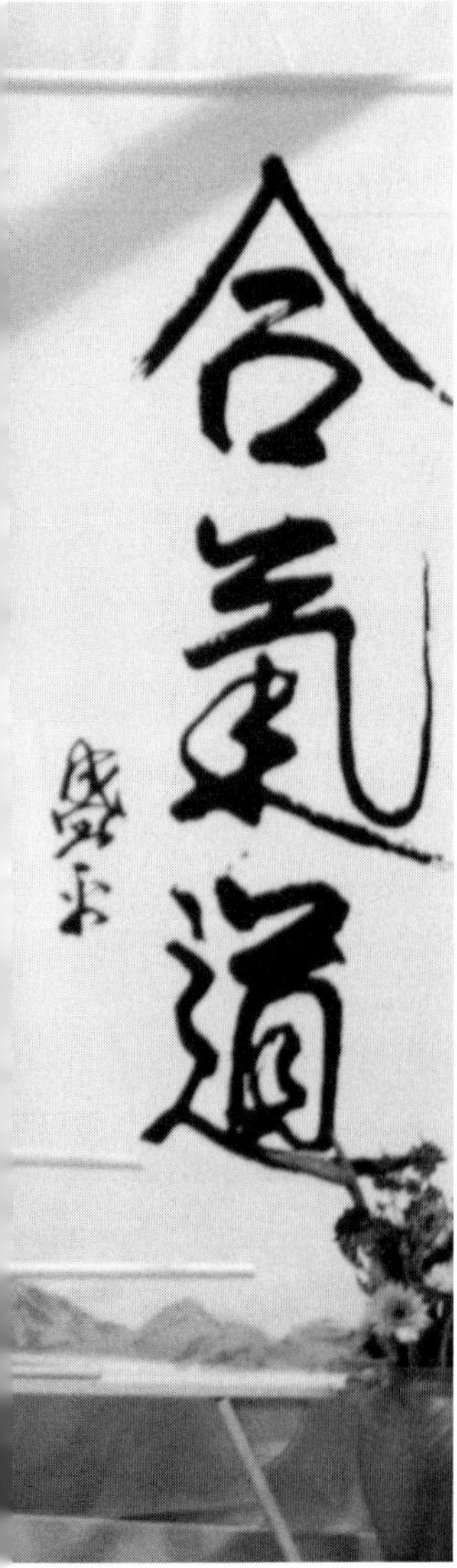

コロラド合気道合宿（2006 年）

組手で使えてこそ、武術の価値があるのです

力で強引に投げているのか、相手が自分に合わせて倒れてくれているのか、タイミングで投げているのか、そういうことは自分自身がよくわかっているはずです。そういう稽古からは本当の自信は生まれてきません。相手をゼロ化（無力化）したり、相手に入る、間を制すなど、武術としての技の価値を知ることによって、自分自身が謙虚になっていくのであり、武術に対する畏敬の念を持つのです。そこから進歩、成長というのが始まっていくのです。それが自信です。

静の動作で相手の手を固めたり重くすることは呼吸や形、意識を使えば簡単です。大事なのは、それを動の動作、すなわち組手の中に活かすということです。自由組手においては静での技、動作はまったく役立ちません。組手で使えてこそ、その真価はわかります。

さらに実践になったら気というのが出てくる。相手との自由攻防で、相手の中に入っていく、そういう中から出てくる。「入っていく技」を教えているのが型です。しかし、型が先でもない、組み手が先でもない。双方が補い合いながら、「入っていく組手」の中から気というものを修得しなければなりません。

コロラド合気道合宿（2006 年）

両手首を強くつかんでいるそれぞれの相手と調和し、肚からの力を貫通させ相手を崩す。

ENSHIN-KARATE
③

ENSHIN-KARATE
東京空手実践塾
④

相手を瞬時にゼロ化し崩す。（ゼロ化されているので片手でも簡単に崩すことができる）

①

②

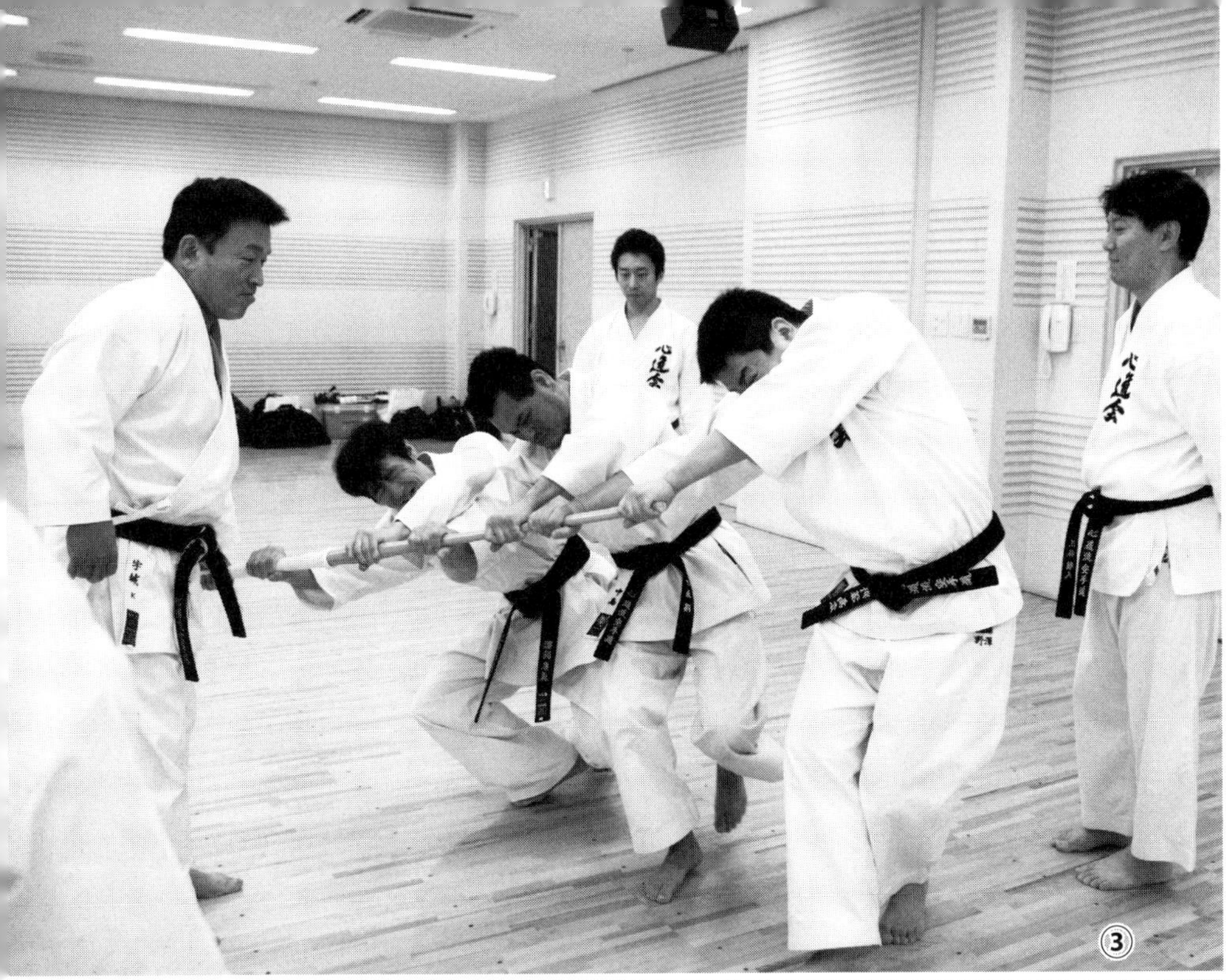

③

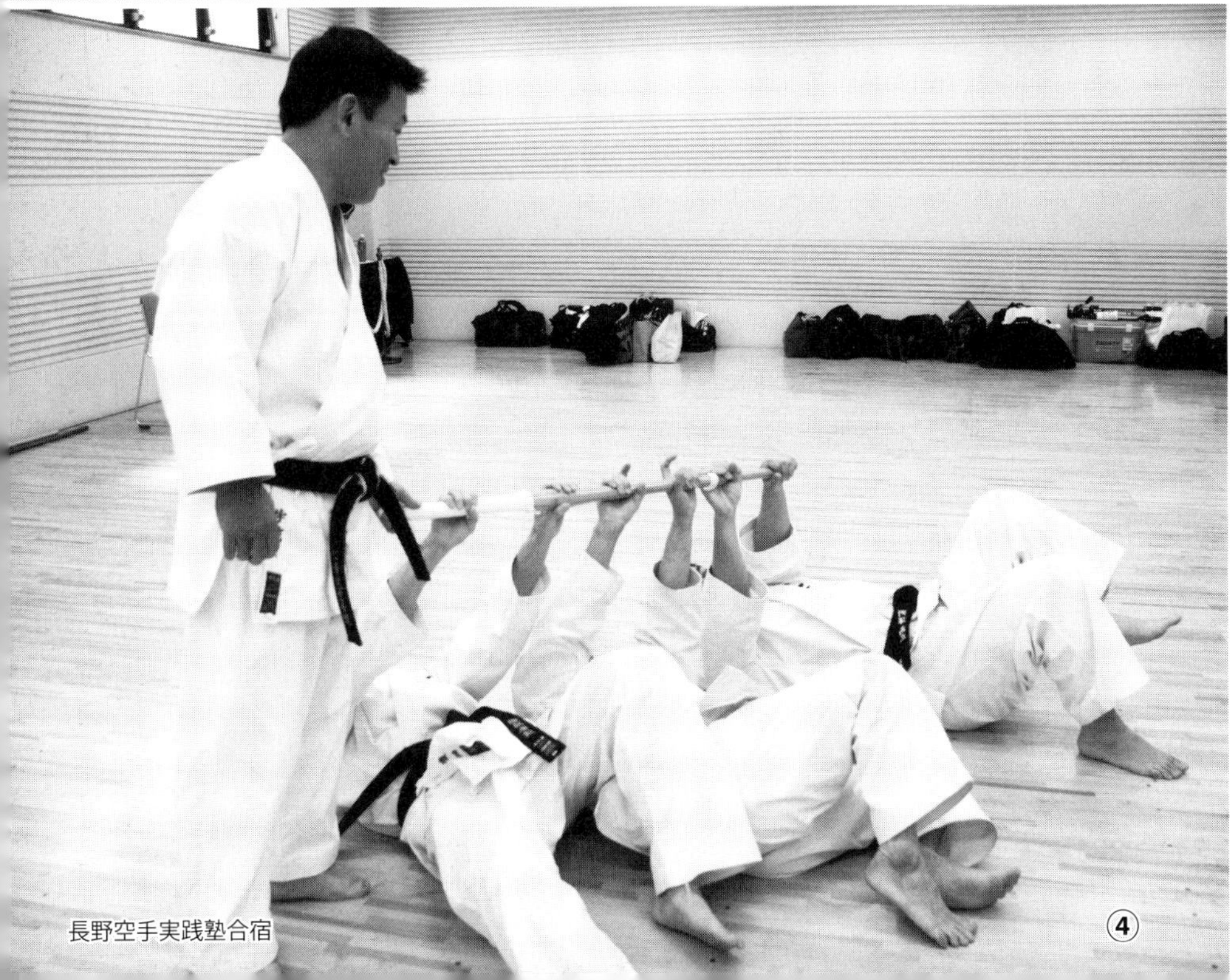

④

長野空手実践塾合宿

宇城流ものの見方・考え方

進歩、成長とは変化することであり、
変化とは深さを知ることである。
深さを知るとは謙虚になることである。

「真っ直ぐ」が肚をつくる

ガラスを割る、自分のせいにされる。「自分は割ってない、誰か他に割ったやつがいる」そういうことを一切言うな、考えるなという犠牲的精神が親父の教えでした。また、親父は戦闘機に乗っていた経験から「失敗は成功の元」ではなく、すべて「失敗は失敗」という教えでした。

字を教わる時も「あ」を書いていると、「曲げるな、真っ直ぐに書け」と、よく頭を定規で叩かれました。「あ」は真っ直ぐじゃないのにと意味がわからなかった。後になって「手先で書くな、肚で真っ直ぐに書け」ということだとわかった。英語のAは真っ直ぐです。しかし英語の真っ直ぐでは肚がすわらない。日本語の「筆で書くような真っ直ぐ」で肚がすわってくるのです。

鹿児島の知覧町にある特攻平和会館に、当時特攻として戦死していった18歳から22歳までの人たちの遺書とも言える手紙が展示してありますが、本当に二十歳前後の若者が書いたのかと思うほど美しく立派な文章で、まさに死を覚悟した気迫と、生きていることへの大切さを感じさせられました。またいかに今の私たちの肚が浮いているかを感じさせられる思いがしました。

「去年海外のテレビ局が取材にきて、特攻隊の精神をひとことでと言うので、こう言ったんです。火事が起こる。火の粉をかぶれば人は本能として火のないほうへ逃げる。その時、火の中から『お母さん、痛い、助けて』という声を聞けば、また火の中に入っていく。それが特攻精神ですよ」

――元神風特攻隊・浜園重義氏の言葉（季刊『道』対談より）――

空手実践塾合同合宿（琵琶湖にて）

相手に入ったら嘘は言えません

他人が濡れ衣を着せられた時、たいていみな自分には関係ないと離れていく。そうではなく、助ける側の人間になる、そこが大事だと思います。濡れ衣を着せられた人の顔を見れば、「あっ、こいつは嘘を言ってない」と、わかる。そこが見抜けなければいけません。心を見抜くのです。そして正しいと思ったら、絶対に信じてやる。その人を命をかけて守ってやる。そういうことが大事。それは、我が子や家族を守るようなものです。家族にはそれができて、他人にはできないというのは駄目だということです。

技も同じです。ただ、投げるじゃ駄目、相手に入っていかないといけない。入っていけば、相手の心が読める。だから衝突が起きない。入っていく技、逃げない身体、その身体が裏切らない心につながるんです。

逃げる身体は心の裏切りにもつながります。だから、入る。「入る」には嘘がない。信じるかどうかというのは、結局は自分の問題です。入ることは自分にとっての最大の自信となります。

― 座波宗家語録 ―

「他尊自信」とは己を信じ、他人を尊重する。己が真に強ければ、いざという時、自分が勝つという自信があれば、ぎりぎりまで相手の言い分を聞いてやることができる。安易に相手を傷つけることなく尊重することができる。己に自信をつけてこそ相手を尊重することができる。

空手実践塾合同合宿（琵琶湖にて）

怒りを忘れない

攻撃側も真剣、受ける側も真剣。そういう本気の気持ちで稽古をしないと稽古になりません。それは日常においても同じです。そういう精神が欠けると、企業であれば、たとえば不良品が出たら隠そうという会社になります。自社の不祥事や不良品の責任をごまかしたり他へなすりつけようとする企業が増えています。会社も社員も心をなくしているということです。

そういうことが許される……。そういうことに対する怒りです。そういう「怒り」が持てる自分をつくらないといけない。「怒り」は人間にとって大きなエネルギーにもなります。

そういうエネルギーのある大人が真の社会をつくり、子供たちへの将来の手本となっていくのです。青少年にとって、希望、夢を失うのがいちばん恐ろしい。お金じゃない。やはり真面目に汗をかいた人間が幸せになるという希望です。空手も同じです。倒すことに居ついた組手や馴れ合いがいちばん駄目。最後は自然体の自由組手で己に勝ち、相手を制することができなければなりません。

―座波宗家語録―

守りだけでは駄目である。ある時は攻撃もかける。守りの体勢は良いが、守りの体勢だけでは試合に負ける。時には反撃もしなくてはいけない。空手の試合も生活も同じである。おとなしいだけではなく、時には反発もしなければならない。攻めの時期を見分けるタイミングが必要である。タイミングとは機が熟した時であるが、その時期を見分けるのがその人の修行である。

空手実践塾合同合宿（琵琶湖にて）

思考の深さは無から有を生み出す

これまで科学というのは数字にできることのみを扱い、目に見えないもの、数字にできないものを非科学的なものとして認めませんでした。しかし本当に大切なのは、目に見えないもののほうにあり、現在科学と言われる世界よりは、はるかに高い世界にあると思います。そこに気づかなくてはなりません。

一般的に偏差値の高い人は、わからないことに対して首をかしげたり、認めない癖があります。それは、知識の詰め込み量が大きく、その出し入れが早いということで、わからないことはないという自惚れがあるからだと思います。知らないのに知っているつもりになっていることの横着さがある。だから思考が居ついている。しかし大切なのは、知識の量や出し入れの早さではなく、引き出しそのもの、器を大きくすること。すなわち思考を深くすることです。

思考の深さという引き出しは、ただの引き出しではない。無から有を生み出す知の引き出しです。

空手実践塾合同合宿（琵琶湖にて）

外面ではなく、内面で固める

「刀をいかに早く抜くか」が、技のように考えている人がいますが、これはスポーツ的発想です。剣というのは抜けば究極、斬る、突く、この二つしかありません。しかしその刀をいかにして抜かずに相手を制するかを修行しているわけです。これが究極の早さです。すなわち抜く前に勝負をつけるということです。平和な現在にあっても、そこを目指すことが大事です。

外面的に目立とうとする人は内面が弱い。ブランドで身を固めるのも同じです。人間が形骸化してしまった時、精神的な貧弱さが出てくる。身のまわりを目に見える形で固めたら駄目。内面がしっかりしていれば、心は安定する。心で固めている人は強いのです。

まさに一刀両断の心の気迫を持つことだと思います。

空手実践塾合同合宿（琵琶湖にて）

「妥協しない世界」をつくる

もし組織の矛盾、レベルの低さを感じた場合、そこに向かって乗り越えていく勇気が必要です。批判するだけなら誰にでもできます。また批判から何も生まれません。それがスポーツであれば「勝って」証明しなければなりません。会社もそうです。合わなければ辞めるしかない。しかし、その前にそこで自分の主張を通す。通す以上、それを証明するために、人の三倍も四倍も働く。その努力がないのに、主張ばかりしていたら、はずされるのは当然です。それよりも自分の思っていることを貫き通すことから、いろいろな事を身体を通して学んでいく、その真剣さと謙虚さが大事です。

いつも妥協ばかりしていると、どんどん流されるようになる。だから、自分の中で「絶対に流されない、妥協しない世界」をどこかで築き上げなければならない。武術空手はまさに、己に克つ、妥協しない自分を築き上げるのに適していると言えます。それを基軸とし、文武両道として、仕事や人生にも活かしていく。そのことによって志が大きくなるのです。

― 座波宗家語録 ―

自分と闘うことを忘れたら、生きることを忘れるのと同じ。修行は自分と闘うことを念頭に置け。生活も空手も同じ。常に毎日自分との闘い、仕事も自分に勝つように頑張れ。

空手実践塾合同合宿（琵琶湖にて）

型で短所に気づき、癖を直し、気品、気位を出していく

今のスポーツには「肚がすわる」がない。肚がすわらないから上級者になっても、年を重ねても気品、気位が出てこない。武道をやっていれば、気品、気位が出てこなければいけない。武道はそこに重きを置いているからです。気位というのは、重厚さであり、気品というのは穏やかさ、カリカリしていないということです。

気の短い人が気の短いままでいったら、〝あいつはカリカリしとるやつだ〟となりますが、その気の短さを肚をすえる稽古によって、穏やかにしていく。

気の長い人は、組手の攻防を通して瞬発力をつくりあげていく。その瞬発力が日常の気配りにもつながっていくと最高です。そういう自分の性格を空手、型を通して見ていくと同時に良い方向に変えていくのです。

長所・短所は表裏一体です。そこに自分で気づかないといけない。

心と体をひとつにしていけば、その人間に気品、気位が出てくるのです。それが美しさとなって型にも出てくる。気品、気位はその威厳と美しさでみんなに伝わっていくのです。そういう大人が一人でも増えればいいと思っています。

― 座波宗家語録 ―

攻撃は瞬発的な力を出すのであって、自分の力をぶつけるものではない。

空手実践塾合同合宿（琵琶湖にて）

文化の本質を知る

武術の場合は、「やる」ということがいちばん大事です。昔の人の技がすごかったと言っているだけでは駄目で、そこに近づく努力、工夫が必要です。再現ができないから、ただ「昔の人はすごかった」となる。逆に再現してみてはじめて本当の凄さがわかるんです。

幕末の時代にテレビやビデオ、携帯電話などはありませんでした。江戸時代に携帯電話を持っていたら、大変なことになったでしょう。そういう現代科学の凄さもある。

しかし一方で、現代にはない、あるいは失われたもの、そういう文化遺産を引継ぎまた学ぶ中で、それを自分が生きている現代の中に活かしきる。それが「今」という時間と、その前後に存在する「過去の歴史」と「未来」の調和融合ということです。「今を生きる」ということはそういうことだと思います。過去の歴史は事実であり、そこから真実を引き出し再現してはじめて、文化の本質を知ることができます。これはいつの時代も永遠に変わらない真理だと思います。

―座波宗家語録―

自分より技量の上の人の力は、どれほど上なのかわからない。階段と同じで、自分より下は見通せるが、目より上のほうはどれほど上なのか見えないのと同じ。心せよ。

国際松濤館空手道連盟主催　第 25 回全国空手道選手権大会での居合模範演武（2005 年）

—真剣を使った立合い—
〝切り結ぶ太刀の下こそ地獄なれ、進みゆけば極楽〟

①

②

③

空手実践塾合同合宿（琵琶湖にて）

④

― 間を制し、相手に入る ―

①

②

③

④

審判のあり方と心

当然のことですが、審判というのはいかなる時でも正々堂々とした公平さがもっとも大事です。同時に審判を通してどっちにも偏らない自分をつくるのも勉強です。ひいきを絶対しない。自分と関係のある団体が出る時は、審判を辞退する。その試合が終わればまた審判に戻る。小さな大会で人が足りないような時で、自分の関係するところが出る場合は、だいたい相手と自分の関係を、相手側6、自分側4ぐらいの割合で見て平等とする。5対5のような時は相手を勝利させる。そうやって目に見えない心の中の潜在意識も含め、平等にものを見ていく。それができないようなら辞退する。まさに心の修行です。そういう心が信頼につながっていくと思います。

― 座波宗家語録 ―

心の修行は積めば積むほど深くなっていき、世の中が見えるようになる。心の基本的な修行の考え方は「反省と感謝と誓い」である。これを心に刻み込んで日常生活を送れば、空手の奥義が出てくる。

「反省と感謝と誓い」、これがそのまま空手の技の中に入り込んでくる。技は心なりである。そのようにしていれば、自分の知らない、やったこともない技が出てくるようになる。空手の神秘である。その秘密の扉を開くのは自分である。

東京空手実践塾

自分を本当に信じることのできる方向へ向かうことが大切です

現在、様々なスポーツ界で指導してきて感じることは、新しいことを積極的に導入しているものの、その本質は、ほとんど分析からくる理論というより理屈論に基づいたものが主流になっているということです。またあまりにも筋力トレーニングに頼ったパワーアップになっている点などもあげられます。体育会系特有の権威と指導体制ゆえに、見かけは変化しているようでも、これまでやってきたことを否定されるのを恐れ、その本質は変化せず停滞してしまっているように感じます。

高校野球に見られるように、学校の名声を得るために、50校に一人というほんのわずかな割合でしかプロになれないような世界に命をかけさせ、多くの野球好きな生徒を犠牲にしている現状のおろかさにも気づかなくてはなりません。

武道の世界においても同じです。術技の真実・事実を受け止め、真に技がかかるかどうかに自分自身の目を向けることが大切です。そこと向きあった時から自分自身を信じることができ、自信を培う方向へ向かうことができるのです。

幕末に見られたような、真剣で謙虚な世界は、平和な現在の私たちにとって、学ぶべきものがたくさんあります。とくにその時代の武術にはそれがあります。まずは、現実という事実から真実をくみとる力、目に見えないものをしっかりと受信できる心身をつくっていくことが大切です。

東京空手実践塾

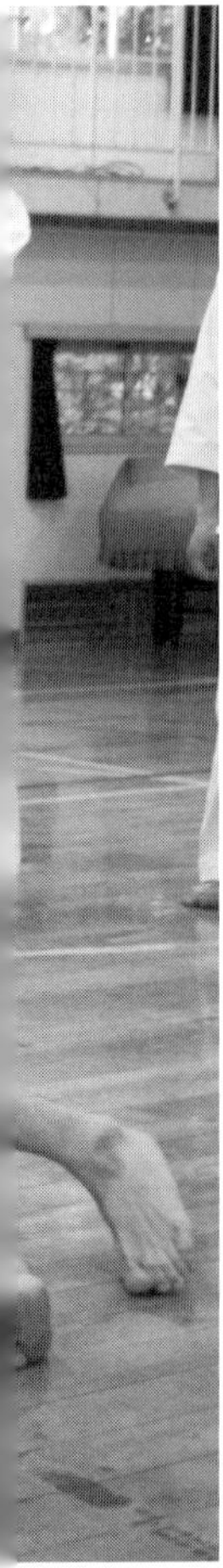

気が人に希望や勇気を与え、人を動かすのです

加賀（石川県）の屋敷町には、必ず小路が通っています。京都の祇園などもそうです。夏の暑い日などその小路に打ち水をする。水が蒸発する時、周りの熱を気化熱として奪うので涼しくなる。そこに対流が起こり、小路には風が通りひんやりとする。カーテンだと風が通らないが、格子やすだれは風通しを良くする。まさに自然を利用した文化の知恵だと思います。

山に囲まれた日本では、高い山に湿った風がぶつかると、そこに雲ができ雨が降る。降った雨は木々を育みながら大地に浸透し、濾過されてきれいになり、川になって海に流れていく。そしてミネラルを含む山からの水が海の魚を育む。上流では岩に逆らうことなく流れるものの、いつしか岩を削り丸くしていく。また汚いものを洗い流して、川を清くし、しかも万物の器に従う。三角であれば三角に、四角なら四角と。そして、海に流れついた水はまた上昇して雲になり雨を降らす。つまり大自然の循環です。これは水六訓にある教えですが、そういう循環に気づくことです。生き方においてもその循環を見つけることです。

停滞したところに打ち水で空気の流れをつくる。「気」というのも同じで、停滞した「人間」を動かすエネルギーを持っています。社会、人生、それぞれのカテゴリーの事実の中にある真実に目を開き、事実、真実、そして真理という循環を見つけ、自分の中に気の流れをつくり動き出すことです。

東京空手実践塾

攻撃は最大の防御なり

攻撃は最大の防御なり。攻撃するから守りができる、防御ができる。攻撃に対しての受けは真の防御になりません。また相手を倒すための攻撃は、ただの「ど突き合い」であり、真の攻撃にはなりません。真の攻撃は防御の中にある。防御と攻撃は一体で、防御の中に攻撃があり、攻撃の中に防御がありの攻防一如です。それを可能にするのが「先」です。すなわち、気が先行するということです。

相手に入っていく、それには前へ前へという心と技がなくてはなりません。逃げない身体という実践が先にあって裏切らない心は培われます。逃げない身体は思いや心ではつくれません。伝統の型にある技と身体に気が流れ覚悟ができてはじめて、それは可能になります。最高の防御となる気は道場の稽古や試合だけではつくれません、日常の心がけも大事です。

今日の稽古も多くの人が先に来て掃除をやってくれました。褒められたくてやったのではありません。学ぶ場を自ら清め、そこで学ぶ。その心が大切なのです。それが自分を大きく成長させるのです。

東京空手実践塾

色即是空の〝空〟を

般若心経の中に「色即是空、空即是色」という教えがあります。〝色〟は目で見えるもの、〝空〟とは目に見えないもの。現在私たちはあまりにも目に見えるもの、すなわち「色」に目がいき過ぎ、目に見えない「空」をおろそかにしてきました。〝空〟とは思いやりとか感謝とか反省などです。〝空〟をおろそかにすると、見ていなければ何をしてもいいという発想にもつながっていきます。

世界的に有名な経営学者ピーター・ドラッガーは、かつてその経営哲学を日本から学んだと言っています。ひとつは幕末の江戸無血開城をなしとげた歴史から、もうひとつは、日本の戦後の復興からです。日本の文化には世界に誇れるものが多々あります。それらの根底にあるものが〝空〟です。その〝空〟を頭で考えるのではなく、身体に呼び戻す、これが今、日本に求められているのです。

大事なのは、目に見える姿形だけでなく、目に見えない威厳や心の部分です。〝空〟の最高にあるのが「気」の存在です。気によって見えないものが見えてくる。まさに、それが目に見える事実の中にある真実でもあります。

東京空手実践塾

自己改革がいちばん大切です

稽古の中で気づきがあり悟りを得ると、眼が変わってきます。それが稽古に出るのです。瞬発力が出てくる。相手に入っていくなど、逃げない身体ができてくる。同時にその変化は日常の中でも活かされてくる。そういうところから良い出会い、良い仕事がめぐってくるのです。

変わらないと駄目ということです。そこにいつ気づくかということです。変われば、今までいかにいろんなことにとらわれ、停滞していたかがわかる。そういう変化は生活の中でなかなかつくれません。こういう稽古の場での気づきはわかりやすく、またそのことが生活を変えていくのです。

「もう聞いた、わかっているのに」と思って人の話を聞く人は、変わりません。話の深さが見えてくると、話すほうも真剣になる。

〝できる〟――この実践は最大の自信につながります。武術というのは、そうやってポンと上がる変化にこそ、その魅力があり、価値があると思っています。そういう自己改革がいちばん大切です。

空手実践塾合同合宿（琵琶湖にて）

動く人間をつくる

仕事ができる人は、できることの方法を身体が知っているので、同時性・多次元の動きができるので早い。しかしできない人は頭で先に考え、できる理由よりできない理由が優先され行動が遅くなります。できる人は行動が先に起こります。大事なのは、動くということ。逆に自分でできないと思っていることをやらせても人は動きません。動いたとしてもそれは「死に体」と同じです。

まず、リーダーや指導者が勉強しなければならない。「教えて学ぶ」も含めてです。わからなかったら繰り返し繰り返し勉強する、そうすると、「なぜ、なぜ、なぜ」と疑問が出てきます。その自分への「問いかけ」の積み重ねが自分のレベルアップにつながっていくのです。

たとえば、武術空手になぜ筋トレが必要ないかの問いかけからは力の意味が解けてきます。すなわち筋トレは衝突の元凶であり、スピードの遅さにつながり、また、身体の呼吸を止め気が流れない原因となる。また「調和融合」の問いかけからは、武術の究極の重要性がわかってくる。間を制する、ゼロ化するなどです。また調和というのは眼を見たらわかる。眼を見た時にそこに深さがない人は、たとえ調和と言っていても、ただ言葉で言っているだけというのがわかります。

武術ではよく「中心」が言われますが、中心はある意味ではひとつの居つきとも言え、それよりも中心を活かした芯が重要です。芯は独楽のように回ってはじめて芯になる。回らなくても中心はある。回らなければ意味がない。芯ができてこそ日常の中にも活きてくるのです。

空手実践塾合同合宿（静岡にて）

変わる人を変えていかなくてはなりません

技の稽古において、意識を固めて、「かかるまい」とがんばる人がいます。そういう瞬間というのは、心身が居ついており、一種の枯れ枝と同じで、瞬発力でやられるとポキッと折れる危険性があります。ところがそういう危険性に自分では気がついていない。だから怪我をする。瞬発力の突きも同じで、内臓に達してしまうので止める必要があるのです。だから当てる時は瞬発を解いて行なう。瞬発で投げるのと、力で投げるのとは、ぜんぜん意味が違う。それは投げられた本人がいちばんよくわかるはずです。

指導をしていても、漠然としている人はずっと漠然としています。漠然としていては気づきがなく変わりません。変わる人を変えていかなくてはなりません。チャンスは平等に与えていくけれども、気づくかどうかは、その人次第です。気づいて変わる人をどんどん変えていく、それが大事です。それを見て、また周りが気づき変わっていくからです。

今回のコロラド合宿には女性も多数参加していましたが、女性は力がないから、力でない技に男性以上に反応を示し、一生懸命になります。力でない技は女性の理にかなっているからです。男性は力に頼るのでなかなか力が抜けない。指導を通して女性が変われば、男性も変わります。女性が男性に気づかせてくれる。女性の技が冴えてくることによって、男性に希望を与えているところがある。相補うとはこういうことだと思います。

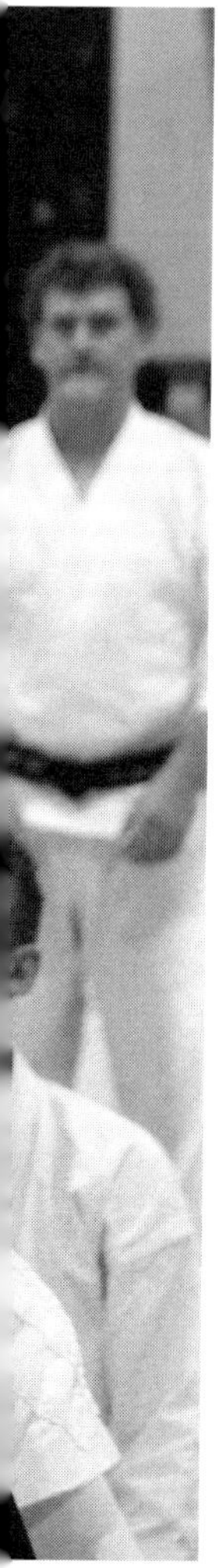

コロラド合気道合宿（2006 年）

武術修行の究極は、戦争をしない心、させない覚悟です

先日のアメリカのヴァージニア工科大学における銃乱射事件のあと、自衛のために銃を買う人がかなり増えてきたそうです。銃が銃を呼ぶこの銃社会のあり方は、ますます社会を危険にさらす方向に向かいます。それは、「戦わずして勝つ」を目指す武術の方向とはまったく正反対であると言えます。

世界にとりいちばん悲しいことは、人と人が殺し合うことです。「鎬《しのぎ》を削る、元の鞘に納まる、切羽詰まる、刃が立たない、焼きを入れる……」など日常に活きているこれらの言葉はすべて刀から発せられたものです。殺傷の刀を侍の魂の域まで高めたところに、狙って引き金を引けば終わりの銃とは格段の差があると思いました。

武術は生と死の場から生み出された術技でありながら、究極はいかに「戦わずして勝つか」という極限の「忍」を求めたものであり、その本質は「自分を守る」「家族を守る」「周りを守る」、ひいてはそれが「国を守る」につながっていきます。そしてそれは、世界という場で戦争否定という心と覚悟につながっていきます。そこにいたる心身の修行こそが、武術修行の究極であると言えます。

コロラド射撃場（2006 年）

答えを求めるのではなく、深さを求める方向へ

接した瞬間その人のレベルはわかります。とくに実際にやってきた人とそうでない人の違いはよくわかります。偏差値の高い人によく見られる知識の豊富さで語る人と、身体で体験した人との差には歴然としたものがあります。体験した人の言葉は生きているのです。そして人を動かす力があります。よく知っているけれど知識という小さい視野でものを見る人は、体験を通し、深さを知り、謙虚な人の大きな視野にはとても及びません。自分の立場、レベルで学ぼうとする人では話になりません。まず謙虚になることです。また答えを求めたがる人は、自分の時間軸に合わせていることに気づかない。だから、答えもその人に合わせてやらないといけないので、真の答えにはならないのです。

人は、自分が知らないということを素直に知った時にはじめて、「伸びている」「成長した」と言えるのです。知らないのに、知っていると思い込んでいる無知は最大の居つきです。そこから脱却することです。なぜなら脳の居つきは身体の居つきに結びついているからです。これは簡単に証明することができます。意外と多くの人がこのことに気づいていません。答えを求めるのではなく、深さを求める方向へ向かわなくてはならないのです。自分が学ぶ世界の深さに気づくには、素直になり、謙虚になる。たったそれだけのことです。

宇城『道』塾

自ら言い訳をしない人になる

アフリカの原住民に今日本で起きている、子殺し、親殺しをどう思うかと聞いたら、身内、家族を殺すようになったら、その民族は滅びると言ったそうです。まさにこれは、個人の問題でなく、国そのものに、その危険な兆候がすでに表われているということです。それは思いやりとか真面目とか忍耐とか目に見えないものを疎かにしてきたことの結果だと思います。

子を持った親熊が追い詰められた時、親熊は子を必死に守ろうとして襲いますが、それでも逃げ切れないとわかると、子を食べるそうです。それは親熊の体内がいちばん安全だからという親の究極の愛情の証しだとも言われています。しかし、そのような事態が多々あるようであれば、当然その種は滅びる運命にあるわけです。状況は違いますが、そのよく似た現象が今の日本に起こっている。日本はその方向に向かっているということです。どんどんエスカレートしてくる。しかし、そこにすら気づいていないというのが現状です。もしくは無関心。

結果に対応していたのでは遅過ぎであり、すでに言葉では食い止められない状況になっている。それを食い止めるには、まず大人が強くなることです。まず自ら言い訳をしない人になることが大切です。

子供たちとの信頼関係を築ければ、子供たちは聞こうとする。聞くことで子供らのエネルギーの方向を変え、希望を与えてやることができる。誰がではなく、自分がそういうふうになっていけば、そこから輪が広がっていくのです。

宇城野球塾（保谷高校）

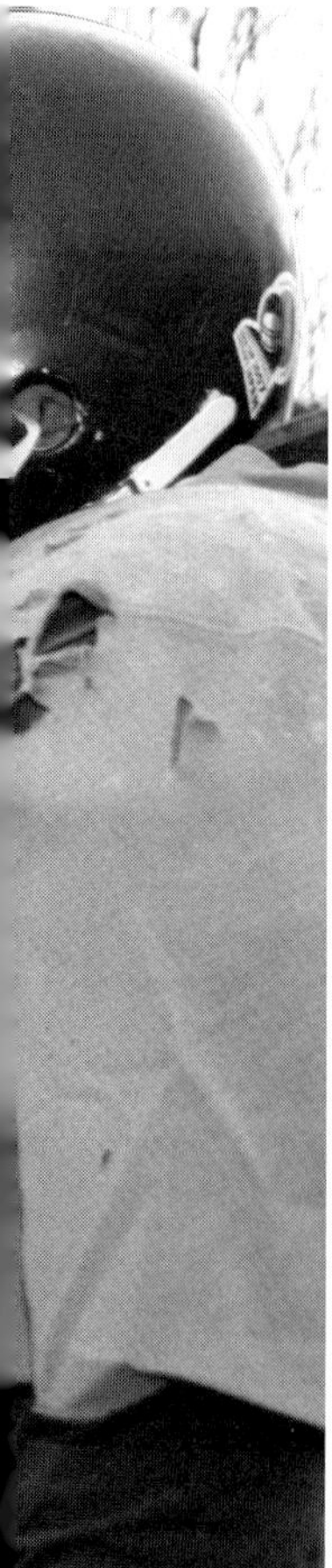

思考の深さは「無知の知」

無知の知、「知らないことの深さを知る」ということが大事です。自分のレベルで考えようとする。だから頭をひねる。このことほど失礼なことはない。毒矢が刺さったらどうするか。まず抜くのが先でしょう。皆さんは、毒矢を抜くのは後にして、毒が回ったらどうしようかを先に考える。そのあいだに死ぬのは皆さんです。そういうところが遅いのです。

考える以上にそういう行動に移る思考が大事なのです。ろうそくが照らす闇というのは非常に狭いわけです。「わからない」というのはろうそくが照らす小さい闇と同じことです。しかし照明弾が照らすような闇はもっと深く、もっと未知の範囲が広がり、もっとわからなくなる。そのことに気づくことが大事なのです。そのことを「思考の深さ」と言います。「思考の深さ」を得ようと思ったら謙虚でなければならない。自分の小さな器でものを見、判断するから頭を横にひねったり、一瞬目をそらしたりする。それはいろいろな我流のフィルターの眼鏡を通して見ているわけです。余分なフィルターを取って謙虚になっていくことです。そうしたら、思考にスピードがつき、行動力が出るのです。

京都大学アメリカンフットボール部指導

「思考の深さ」を社会へ

「何がなんでもボールを取ってやる！」というぐらいの気持ちでやらないといけない。その意気込みが相手にも通じるのです。そういう気配を相手に感じさせることが大切です。それを、「取りに行こう」とするからボールは逃げる。理屈で考えるから遅くなり迫力がなくなるのです。

覚悟というのは頭ではできません。身体で悟らないと駄目なのです。人間はものすごく優秀な体を持っています。それを皆さんは頭で駄目にしている。体で感じた瞬間瞬間の深いレベルを頭の中に叩き込めば、それが「思考の深さ」になり、覚悟になる。その「思考の深さ」で物事を考えていくと、とんでもない力が出るということです。これは言葉では説明できない。やった者にしかわかりません。

そして、アメフトで鍛えた価値観や生き方、思考の深さ、そういったものを学業に応用する、つまり文武両道を成立させ、次の「社会」というフィールドで日本はもちろん、世界で活躍できる人間になってもらいたい。今や日本だけではなく世界に目を向けていかなければならない。そのパスポートをこのグラウンドで勝ち取ってもらいたい。だから現在のレベルで止まっていたら困るのです。自分を信じてやるのみ。逃げずに当たっていく。ただそれだけのことですが、奥が深く、言葉はいくらあっても足らないということです。

ボール部 後援会
Ritsumeikan American Football Team
GOLDEN PANTHERS

京大一立命アメフト戦

身体は「内なる気」に応じて動き「気」は「心」の向かうところに応ずる

人間としての言動は「気」や「心」という目に見えないものにこそ、その本質があるのです。

今の常識や科学では説明がつかない世界がある

今の科学では説明ができないようなこと、特に目に見えないが確実に存在する世界があります。そこにこそ今にない未知の世界として今最も必要とされているエネルギーの源があります。その目に見えない神秘の世界にあるエネルギーを引き出し、目に見える形にする。「気」はそのことを可能にします。

現在の科学で分かっていることはわずか5％であり、95％は未だ未知の世界と言われています。その未知の世界の解明に科学は日々進化を続けており、その最高の発見に対してノーベル賞などが与えられ名誉とされています。しかし、そのノーベル賞や最先端の科学をもってしても、見えていない世界があります。「奇跡」や「不思議」として扱われている未知の世界の事です。その言葉自体からもわかるように、今の科学では理論・理屈をつけて説明できない世界があることに気づかねばなりません。

私はその目に見えない未知の世界にこそ我々一人ひとりの進化、成長を可能にする要因があると考えています。たとえば力のあり方一つをとってみても、今主体となっている力は筋肉の活用ですが、細胞による力があることを気の活用によって知れば、従来の常識とは正反対の桁違いな力に気づくことができます。それが人間の潜在力を引き出し自己のパワーアップにすることにつながるのです。

ヨーロッパ空手セミナー（ドイツ）

「どうして」は自己に向き、「なぜ」は相手に向く

型には初心者用の型というのはありません。だから初心の時は難しい。難しいからといって初心者向きに変えると、その型は使えないものになります。そこに稽古の意味があるのです。自転車に乗るのと同じです。自転車に、難しい自転車と簡単な自転車はありません。そこに補助輪をつけるなど工夫をすれば、少しは楽に乗れるようになるのかもしれませんが、それはその時だけのことです。型には補助輪は不要です。

それよりも、そこにある難しさの本質に向き合って乗り越えていく、その過程の中で、いろいろなものが自然に備わっていくのです。身についていくのです。

ハウツーというのは、自分の知識に照らし合わせて、その範囲でものを見るあり方です。だから「どうして」「どのようにして」という問いになります。それは自分の能力や器に照らし合わせることであり、未知に対しての問いではありません。従って新規性はありません。

子供の場合は素直なので、たとえば今の常識ではあり得ない1対5の腕相撲のような実践を見せたり、体験させたりしても、大人のように知識や理屈で現象を見ようとすることはありません。そのことで、「どうして」という問いにはならない。「なぜ」になる。「どうして」は自己に向き、「なぜ」は相手に向く。子供は「なぜ」というように素直に相手に問いかけることができる。その事実をそのまま捉える力があるからです。大人もそうありたい。

ヨーロッパ空手セミナー（ドイツ）

愛の反対は憎しみでなく、無関心である

今や科学や技術や文明は著しく進化したものの、肝心な人間力は逆に劣化してきています。それは昔では考えられなかった日常の言動や事件を見ても明らかです。また情報発信元であるメディアを見ても、表面の事実は述べたとしても、その裏にある肝心な真実に向けては偏りがあり、その内容にも劣化が見られます。

今当たり前となっているインターネットやスマホなどの相手と直接向き合わない一方通行の情報は我々の思考を浅いものとするばかりか、一方で私たちを私たちが気づかないところで洗脳する場合もあります。「愛の反対は憎しみではなく無関心である」という言葉がありますが、それと同じで、その根底には無関心があります。

自分を守り、家族を守り、仲間を守り、周りを守るためには無関心の逆、絆が必要です。

そこに向かって立ち上がらなくてはなりません。

その絆の広がりこそ人間本来の絆であり、未来の希望です。

部分という「点」はいくらつなぎ合わせても、部分統合であってひとつにはなりません。

縁とか絆とか目に見えないつながりに目を向けることが大切です。我々は、そのつながりの中の一つひとつの存在であることに気づくことだと思います。

ヨーロッパ空手セミナー（ドイツ）

全体先にありきは、弱い自分を強くしてくれる

ＵＫ実践塾のプログラムでは、目に見えない世界の神秘を実例にあげながら実践・検証しています。この目に見えない世界というのは、まさに今の科学が置き去りにしている部分であり、そこが科学の最も遅れているところと言えます。なぜなら現在の科学の手法で追究しようとすればするほど科学は逆にこの宇宙全体の仕組みに対して逆行するという側面があるからです。

37兆個の異なる細胞で個を成している一人の人間を見てもわかるように、手、足、体の部分の集まりではなく全体として一つであることが先なのです。特に生命体については全体先にありきとしての追究が必須であり、今の科学に見る部分分析の追究のあり方はかえって「全体」というバランスを崩します。

全体先にありきという視点に立てば、例えばスポーツ選手の強化のための部分筋力トレーニングが、かえってケガにつながるという〝アンバランス〟も見えてくるはずです。また筋力は加齢に対して答えを見出せないというアンバランスも同様です。

これに対し「気」はまさに全体先にありきの捉え方で、最初からバランスが取れています。

「虹」という全体は美しいですが、それに対して部分分析は、虹の「水滴」に目を向けるようなものです。水滴に太陽が当たって虹という全体が見えてくる。その全体の美しさに感動します。まさに全体というあり方が生み出す目に見えない不思議です。行動の原点をここに置けば、スピードも速く、強くもなるのです。

ヨーロッパ空手セミナー（ドイツ）

調和は融合を生み、大きな力となる

テーブルをはさんで反対側に4人が立ちテーブルをしっかり持つ。そのテーブルを動かそうとすると4人との間に無意識の衝突が生じ、相手側に反対へ向かう力が働いてしまい、テーブルは微動だにしません。

この対立状態から生まれる力は、まさに浪費です。相手の4人と調和すれば対立は消え、融合して自分の力の向きに動きます。これが調和力です。逆に対立状態で動くとすれば相手側に対して立場・知名度・肩書にものを言わせる圧力で働きかけるあり方でしかありません。まさに今の日本のあり方を象徴しているかのようです。そして動かされる側も、気品、気位、魂の欠如した忖度や妥協で動く。調和していないから、うまくいくはずがない。そういう構図は「自分さえ」の人間を増やし、何もしない、動かない人間をつくり出していきます。

これに対し、調和する身体すなわち統一体であれば、簡単に4人をテーブルごと動かすことができます。つまり4人をひとつにする力を出せれば、一瞬にしてそれが可能なのです。この調和力を身につければ、自分だけでなく相手を活かすエネルギーともなるのです。

空や海に溶け込んでいる鳥や魚や自然界の生きものはすべて100%統一体です。人間だけが自然体で動けない部分体の身体になってしまっているのです。本来の統一体を取り戻せば大きな力を生み出す調和力が得られ、一人でも大勢を動かす力が出るのです。調和というのはすべてと仲良くなり、あらゆるものとの境界線がなくなるということです。こういう人間が増えたら素晴らしい。

ヨーロッパ空手セミナー（ドイツ）

生き抜く魂を

２０１１年3月11日、東北は地震と津波の天災で多くの人がお亡くなりになり、たくさんのものを失いました。福島はそれに加え人災とも言える原発破損によって多大な被害と共に、今も先の見えない状況が続いています。しかしそういう状況の中、東北は様々なところで立ち上がってきています。

たくさんの人の死や自然の脅威など、体験した人にしかわかり得ない「生きることへの内なるパワー」があるからこそではないかと思っています。

戦後、日本が著しい復興を遂げたパワーはどこから生まれたのか。国民個々の意志ではない戦争という理不尽さ、そして多くの同朋の死、相手国の死をたくさん体験してきたからではないか。その最たるものが神風特攻隊です。まさに理不尽の極みです。そこにある無意識の悲しみ怒りがパワーになったのではないか。生き残ることに意味があるからこそ、東北の震災や戦争を経験をしていない我々は、すべてがボケてしまいエネルギーもない、怒りもない。なんとかなると思う。しかし、なんとかはならない。気づいた時は手遅れ、気づいてから取り戻すのに時間がかかります。

だからこそ希望をつなぐ次世代の子供たちのためにも行動を起こさなくてはなりません。だからこそ今に生き抜く魂をつくっておかなくてはならないのです。

ＵＫあすなろ支援の会　福島県二本松市「コスモス祭」 2012 年 10 月

愛《を》しえて寄りそう人間教育

江戸時代の寺子屋の仕組みについて作家・浅田次郎氏が新聞に書いていました。当時の寺子屋は今の小学校の配置と同じくらいたくさんあったとのこと。そして当時の知識人だったお坊さんや神主さんがお寺や神社で教えるケースのほかに、家督を譲ってリタイアした武士がボランティアで教えていたとあります。そのことで明治維新を迎える頃には世界に類を見ない90％以上の識字率を保っていたと。

今、私たちは「教育」という言葉を使いますが、「教育」という語はヨーロッパで使われていたeducationの翻訳語として明治時代に導入されたもので、当時の日本の思惑に合うように変更された可能性があります。そこには日本の、特に江戸時代の寺子屋に見るような教化（教育）の部分が継承されていません。江戸時代の「おしえる」は、「愛《を》しえて寄り添う」であり、現在の上から下への詰め込み教育ではなく、愛情をもって教え育んでいく教育です。

江戸時代の寺子屋で行なわれていたのは人間教育であり、師が子供たちの特徴を見抜き、その個性を伸ばしていく教育すなわち心の教育とも言えるものでした。まさに、educationの語源エデュカーレが意味する「引き出す」教育でありました。すなわちエネルギーの高い時空で教えられ、学んでいたからこそ、高い識字率につながったのだと言えます。ＵＫ実践塾の教育プログラムは「気」という方法で潜在力を引き出し、その事を通して「気づく、気づかせる」稽古と、その実践にあります。

創心館本部　淡路道場

すべての答えは調和の中にある

どんなに優れた物でも、そこには技術の結集としての設計図があり、それにしたがって組み立てていけば自動車、飛行機、携帯電話などが完成します。

しかし人間の完成はそれらとはまったく異次元にあります。1ミリにも満たない一個の受精卵から細胞分裂を繰り返しながら、母体の中で10ヵ月で完成し生まれてくるのです。

まさにこの事実は今のどんな最先端科学をもってしても、異次元の神秘そのものです。

このように生命体として神秘にある人間というのはいかなる意味をもって存在しているのか、まさに神秘で謎です。

そういう人間の生命の神秘からすると今の地球上の貧困や格差、戦争など、酷い悲しみや不幸が起きているのは、本来あり得ない話です。

それにも関わらず、そうした事実があるのは、人間自らの横着によって人間力が低下してきたためであると考えています。

私は「気」によるいろいろな実証を通し、負の反対の正のエネルギーがあることに気づきました。正のエネルギーは調和によって生まれる融合力です。負のエネルギーは対立による破壊力です。正は境界線がなく絆、助け合いであり、母なる地球からすれば、人間、皆家族です。負は対立、争いで孤立です。この正のエネルギーを得るためには宇宙や地球に対して畏敬の念を持ち、謙虚になることだと思います。

東京空手実践塾

調和によって時間は動き出す

古代ギリシャの自然哲学者であるヘラクレイトスが、「同じ川に二度と入れない。それは新しい水がどんどん流れてくるから」と言っています。人の身体も呼吸し代謝して常に変わっています。だから人間も同じくで、同じ川には入れないはずなのです。ところが、同じ所にとどまっています。我々が同じところにとどまり、同じことを引きずっているのは、時間が止まっているからです。つまり止まったままの時間経過になっているのです。まさに「現状維持は退歩である」です。その原因は対立にあります。

この対立こそが自分の時間を止めてしまうのです。時間を動かすのであれば、対立の反対にある調和が必要です。調和している時の時間は周りと融合し、変化することができます。そのことに気づくことです。

連なった人の列を前から押します。力でいくら押しても崩すことはできません。対立しているからです。仲良くする気持ちでやると押すことができます。調和です。

本来は、人を活かしてこそ自分の力を発揮できるのです。その答えが、身体の中にある。それが潜在能力です。

ヨーロッパ空手セミナー（ドイツ）

最後は自分

二人向かい合って手をつなぎ、互いに後ろに身体を反らせます。相手を信頼できないと身体を十分に反らすことができません。さらにどんどん反らして広げていくと、つないだ手を第三者が上から押さえつけても、さらには首や胸を上から押してもびくともしないほど強いのです。力はまったくいりません。この検証で教えていることは、まさにお互いの「信頼」です。信頼できないと、倒れそうになります。同時に身体は弱くなります。またどちらかが疑うと、後ろへ反って倒れることができません。その「疑い」は相手に向けられたものですが、それは自分を信じ切れていないということです。人生の生き方も同じです。

心には、本来強いも弱いもありません。弱いから鍛えるということでもないのです。すべては相手を信じることができるか、裏を返せば自分を信じ切ることができるかどうか。最後は自分なのです。

目に見えないエネルギーがある。そのエネルギーを取り込んで勇気に変換する。身体にはそういう仕組みが備わっているのです。

その仕組みを働かせるためには調和が必要です。仲良くするということです。相手が不幸になることにはエネルギーを変換できないのです。だからこそ、相手に寄り添う、その思いが自分を守るのです。まさに「愛」であり「信頼」です。

ヨーロッパ空手セミナー（ドイツ）

宇城憲治　うしろ けんじ

1949年 宮崎県小林市生まれ。1986年 由村電器㈱ 技術研究所所長、1991年 同常務取締役、1996年 東軽電工㈱ 代表取締役、1997年 加賀コンポーネント㈱ 代表取締役。

エレクトロニクス分野の技術者として、ビデオ機器はじめ衛星携帯電話などの電源や数々の新技術開発に携わり、数多くの特許を取得。また、経営者としても国内外のビジネス界第一線で活躍。一方で、厳しい武道修行に専念し、まさに文武両道の日々を送る。

現在は徹底した文武両道の生き様と武術の究極「気」によって人々の潜在能力を開発する指導に専念。宇城空手塾、宇城道塾、親子塾、高校野球塾、各企業・学校講演、プロ・アマ スポーツ塾などで、「学ぶ・教える」から「気づく・気づかせる」の指導を展開中。著書・DVD 多数。

㈱ＵＫ実践塾 代表取締役　　創心館空手道 範士九段
宇城塾総本部道場 創心館館長　　全剣連居合道 教士七段（無双直伝英信流）

ＵＫ実践塾ホームページ　http://www.uk-jj.com

宇城道塾

東京・大阪・仙台・名古屋・岡山・熊本で開催。随時入塾を受け付けています。
宇城道塾ホームページ　http://www.dou-shuppan.com/dou
事務局　TEL: 042-766-1117　Email: do-juku@dou-shuppan.com

空手実践塾

空手実践塾は、東京、大阪、三重、長野、福岡で定期的に稽古が行なわれています。

現在、入塾は、宇城道塾生に限られています。

詳しくは、宇城道塾事務局か、ＵＫ実践塾までお問い合わせください。

新版 空手と気　気の根源 思考の深さ

2007年6月21日　初版第1刷発行
2019年5月19日　　　第5刷発行

宇城憲治著

定　価　本体価格 2,000円
発行者　渕上郁子
発行所　株式会社 どう出版
〒252-0313　神奈川県相模原市南区松が枝町 14-17-103
電話　042-748-2423（営業）　042-748-1240（編集）
http://www.dou-shuppan.com
印刷所　株式会社シナノパブリッシングプレス

　ISBN978-4-904464-99-1
